中国名镇志文化工程
Culture Project of Local Records of China's Famous Towns
中　国　名　镇　志　丛　书

光塔街道志

LOCAL RECORDS OF GUANGTA SUB-DISTRICT

广东省广州市越秀区光塔街道志编纂委员会　编

方志出版社
Publishing House of Local Records

图书在版编目（CIP）数据

光塔街道志 / 广东省广州市越秀区光塔街道志编纂委员会编 . — 北京 : 方志出版社，2023.8
（中国名镇志丛书）
ISBN 978-7-5144-5184-9

Ⅰ . ①光… Ⅱ . ①广… Ⅲ . ①区（城市）—地方志—越秀区 Ⅳ . ① K296.55

中国版本图书馆 CIP 数据核字（2022）第 058160 号

责任编辑：李志瑜
责任校对：刘玉霞
责任印制：赵楚
出 版 者：方志出版社
地　　址：北京市朝阳区潘家园东里 9 号（国家方志馆 4 层）
邮　　编：100021
网　　址：http://www.zgfzcb.cn
发　　行：方志出版社图书营销中心（010-67110500）
印　　刷：北京中科印刷有限公司
开　　本：787 毫米 ×1092 毫米　1/16
印　　张：16.5
字　　数：314 千字
版　　次：2023 年 8 月第 1 版
印　　次：2023 年 8 月第 1 次印刷
定　　价：133.00 元

序一

习近平总书记指出：“不忘历史才能开辟未来，善于继承才能善于创新……只有坚持从历史走向未来，从延续民族文化血脉中开拓前进，我们才能做好今天的事业。”中国优秀传统文化是在漫长的历史长河中历经无数次涤荡和沉淀而形成的思想精髓，蕴藏着无穷的宝藏和无尽的力量。发掘和继承优秀传统文化，是延续中华文明“根”与“魂”的必由之路。与时俱进，推动传统文化不断开拓创新，是中华文明常葆勃勃生机的重要保证。

“国有史，邑有志。”编修地方志是中国特有的文化现象，是中华民族的优秀文化传统。数千年来，连绵不断的志书编修为保护中华民族根脉，传承中华文明发挥了不可替代的作用。中国现存古志有8000余种，占现存古籍的十分之一。中华人民共和国成立以来，编修完成数万种省、市、县三级综合性行政区域志、部门志、行业志、专志等，编纂数万种地方综合年鉴、行业年鉴和专门年鉴等，整理出版数千种历代方志及相关研究成果，发表相当数量的方志理论与年鉴理论研究成果。这既是对我国国情、地情持续开展的大规模普遍调查，也是对各地自然与社会发展状况进行的综合研究，其成果构成了一座丰富的文化资源宝藏，为各级领导科学决策提供了重要参考，为推动经济社会发展和文化建设发挥了重要作用。

当前，中国特色社会主义进入新时代，全国地方志事业也进入新时代。如今的地方志事业围绕党和国家利益、经济社会发展，以人民为中心开拓创新，志、鉴、馆、史“四驾马车”并驾齐驱，志、鉴、馆、网、库、用、会、刊、研、史“十业并举”，加快实现在全国范围内全面推进地方志从一项工作向一项事业转型升级。在党中央、国务院的亲切关怀和各级地方志工作者的共同努力下，一批紧密结合社会发展需求、具有独特创造性的工作逐步开展，涵盖中国名镇志、中国名村志、中国名山志、中国名水志、中国名街志等“名志”系列文化工程是其中代表。作为首个“名志”系列文化工程的中国名镇志文化工程，启动于2015年，至今已是第三个年头。中国名镇志丛书在记述主体上，选择中国历史文化名镇、经济强镇、特色镇等在全国具有影响力和代表性的乡镇，旨在全面展示中国名镇的文化精髓；在内容题材选择上，重在突出不同名镇的“名”和“特”，力求集中体现不同名镇最精彩的部分，增强可读性；在志书编纂程序设置方面，志书申报、篇目设计、专家审读、专家组验收等流程环环相扣，紧密结合，力争把每一部志书都打造成精品佳志。

习近平总书记指出：“历史和现实都表明，一个抛弃了或者背叛了自己历史文化的民族，不仅不可能发展起来，而且很可能上演一场历史悲剧。”2018年是改革开放40周年，40年来中华大地发生了翻天覆地的变化，乡镇发生了极为深刻的改变，从粗茶淡饭到有机食品，从粗布衣裙到精美时装，从土屋平房到高楼大厦，人民生活水平大大提高，城乡差距不断缩小。然而，在感受辉煌成就的同时，我们也应该看到，许多精巧的古建、精湛的工艺、亲切的乡音、独特的乡俗也在快节奏的发展中与我们渐行渐远，曾经的家乡正逐渐变为记忆中的故园。

党的十九大报告提出乡村振兴战略，此后党中央、国务院又推出一系列重大举措。实施乡村振兴战略，必须全面加强乡村文化建设，培养乡村文化自信，培植文化之“根”，铸牢文化之“魂”。没有乡村文化的高度自信，没有乡村文化的繁荣发展，就难以实现乡村振兴的伟大使命。振兴乡村文化，既要塑形，更要铸魂，必须遵循乡村发展的客观规律，在发展中把文化的精髓保留下来，把乡土味道、乡村风貌的“魂”传承下去。在保留优秀乡村文化内核的基础上，用现代表现方式，把反映时代精神、先进理念的内容通过群众喜闻乐见的文化产品表达出来，才能够让乡土文化具有更强大的生命力。用创新性的模式书写乡镇志，传承和抢救乡土历史文化，激发爱国爱乡情怀，为探索中国特色新型城镇化发展经验、发展模式、发展道路提供历史智慧和现实借鉴，正是实施中国名镇志文化工程的目的和意义所在。

“月是故乡明”。中国人素有“家国情怀”，家乡的山水是最为美丽的，家乡的风俗是充满温暖的，一声亲切的乡音，一口熟悉的家乡菜，都能拨动游子的心弦，让其魂牵梦萦。中国名镇志丛书是一套全面梳理中国名镇历史人文，挖掘文化特色，突出“名”和“特”的镇志。它能让人民群众深刻感受到本土本乡自然的优美、历史的醇厚、人物的杰出、艺文的风雅等，有助于培养人民群众对家乡文化的自信，激发起人民群众浓烈的爱乡爱国情怀，助力国家新型城镇化建设和乡村振兴战略的实施。

是为序。

中国社会科学院原院长
中国地方志指导小组原组长　谢伏瞻

序二

连绵不断地编修地方志是我国特有的文化传统，为传承中华文明作出了巨大的贡献。在党中央、国务院的高度重视和支持下，这一古老的文化传统焕发勃勃生机，展现新的活力，成为保存、继承、发扬光大中华优秀传统文化的重要依托，培育和践行社会主义核心价值观的重要媒介，社会主义先进文化建设的重要组成部分，发展中国特色社会主义，增强道路自信、制度自信、理论自信的重要载体，在实现“两个一百年”奋斗目标和中华民族伟大复兴中国梦进程中具有不可替代的地位和作用。

事物总是在不断发展中前进。经过改革开放以来 30 余年的发展，中国特色地方志事业与传统的编修地方志已不可同日而语，形成了志（志书）、鉴（年鉴）、库（地情数据库）、馆（方志馆）、网（地情网站）、刊（期刊）、会（学会）、研（理论研究）、用（开发利用）等多业并举的新格局。截至 2015 年 10 月底，全国编纂完成首轮、二轮省、市、县志书 8000 多种，编修部门志、行业志、专业志、乡镇村志 27000 多种，编纂地方综合年鉴 2300 多种，累计整理旧志 2500 多种，还编纂出版了大量的地情书，字数以百亿计，形成以反映国情、地情为主要内容，全面系统、持续不断、卷帙浩繁的社会科学成果群。另外，还开通了 27 个省级网站、230 个市级网站、816 个县级网站；建成国家方志馆 1 个、省级方志馆 16 个、市级方志馆 86 个、县级方志馆近 300 个。这些成果，成为国家极为重要的文化资源，是国家文化软实力和公共文化服务体系的重要组成部分。

最近几年，地方志工作的触角在不断延伸，部门志、行业志、专业志、特色志、乡镇村志编纂方兴未艾，成为当前地方志事业发展新的增长点和亮点。特别是乡镇志，兴起了编纂热潮，从自发的民间行为逐渐过渡为政府组织的文化行为，有的省份以政府令形式将其纳入地方志编修范畴，像河南省还以省政府办公厅名义要求全省普修乡镇志。乡镇志并不是一个新生事物，据现有资料可考，宋代常棠所撰《澉水志》是现存最早的一部乡镇志。与省、市、县三级志书相比，乡镇志虽属小志，但意义却不小，特别是在当前国家全力推进新型城镇化建设的背景下，乡镇志的作用更显重要。

启动中国名镇志文化工程，是适应当前新型城镇化建设形势发展需要、地方志事业发展形势需要的重要举措，也是充分发挥地方志存史、资政、育人功能的重要手段。作为最基层行政组织的志书，镇志是最接近中国社会发展变迁的国情、地情记录文本，具有重要的历史文献价值。而作为充分反映本区域自然、政治、经济、文化和社会的历史与现状的资料性文献，镇志又能全面展示发展脉络，摸索发展经验，为探索中国乡镇未来发展方向提供借鉴和参考。当然，对于祖祖辈辈生于斯长于斯的中国人来说，故乡就是一个魂牵梦萦的地方，故乡的情怀终生难忘。留得住乡愁，记得住乡思，充分展示名镇文化魅力，激发爱乡、爱国情怀，正是中国名镇志文化工程题中应有之义。

是为序。

中国社会科学院原院长
中国地方志指导小组原组长

序三

“国有史，邑有志”，中国自古就有注重编史修志的传统。按照我国目前地方志行政法规，国家各级地方志机构的法定职责是编纂省、市、县三级志书，并不包括县以下的乡镇志和村志。这种规定，一方面可能因为全国有数百万自然村落和数万乡镇，全部实行官修很难实现；另一方面可能因为我国历史上就有“皇权止于县”的说法，县以下的民间社会历来是一个以自治为主的领域。然而，改革开放几十年来，我国社会正在发生巨变，这种巨变在基层社会的乡镇、村落、家庭领域更为深刻。作为“乡之首，城之尾”的镇，逐渐被日益崛起的大都市淹没了光彩，村落在快速的城镇化过程中每天都在大量消失，农村家庭的小型化、空巢化趋势非常突出。在这种情况下，我一直在思考，如何留得住历史文化记忆和乡愁，如何把修志的工作向基层社会延伸？

中国人的“家国情怀”，是从“诚意、正心、修身”开始，到实现“齐家、治国、平天下”。所以从国家一统志，省、市、县三级志，到乡镇志、村志、家谱，也是一个完整的系统。

正是在这种背景下，我们决定启动中国名镇志文化工程。乡镇是无数中国人生命的底色和成长的摇篮。如何在城镇化进程中，留得住乡愁，记得住乡音，忘不了乡思，事关城镇化进程的人文关怀和文化保护，事关文化血脉的传承。同时，科学记录城镇化进程，反映城镇化成就，也为今后探索城镇化发展规律、积累经验提供了基本素材。作为全面系统记述一定行政区域的自然、政治、经济、文化和社会的资料性文献，志书是以上功能最好的载体。

我国目前有 4 万多个乡镇，全部修乡镇志还不具备条件。中国名镇志丛书选择的是传统文化名镇、历史军事重镇、革命历史名镇、民族特色名镇、特色经济名镇、旅游景观名镇等类型的乡镇，应该是最具代表性的，在中国乡镇文化传承和社会发展中具有标杆意义。

编纂中国名镇志丛书是对乡土历史文化的保护。随着城镇化进程加快，有不少乡镇被撤并，有些还是在历史上有重要意义的历史文化名镇、特色镇等。如不及时对其历史进行整理、记录，这些重要的历史资料将散佚殆尽。因此，中国名镇志丛书的编纂是对宝贵历史资料的抢救。

编纂中国名镇志丛书是对乡土意识的传承。什么东西有魅力？故乡的山水，乡音乡情的记忆，乡土的气息和家乡菜的味道，不管走到哪里，总是触动心弦。中国名镇志丛书记录的是家乡的山山水水，家乡的历史文化，家乡的风土人情，留住的是乡愁。这些最能激发远方游子和本地民众的爱乡情怀、爱国情怀。

编纂中国名镇志丛书是一种学术探索。镇志的编纂，实质也是一次深入的社会调查研究。“麻雀虽小五脏俱全”，相比省、市、县，乡镇第一手资料的获得需要付出更大的努力。我们也希望在志书编纂上有所创新，使中国名镇志丛书成为一套图文并茂、雅俗共赏的新型志书。

中国社会科学院原副院长
中国地方志指导小组原常务副组长 李培林

中国名镇志丛书编纂委员会

中国名镇志丛书编纂委员会办公室

广东省中国名镇（村）志文化工程工作协作组

组　长　吴伟鹏

副组长　丘洪松

成　员（以姓氏笔画排序）

王　涛　王道钰　田　亮　吕汉光　朱雄文

庄　怀　孙少娜　李文蔚　李思平　杨立勋

吴淑贤　岑贤柯　陈　岚　陈传艺　陈芳斌

陈宏亮　陈宝德　幸英鸾　周益成　段志坚

莫秀吉　顾书娟　黄　敏　黄小青　黄小晶

黄荣超　萧艳娥　梁细亮　蔡少玲　漆建伟

联络员　黄　璐

广东省广州市复审小组

组　长　黄小晶

副组长　廖惠霞

成　员　李启伦　黄敏华　张丽蓉　袁　菁　刘德敏

广东省广州市越秀区光塔街道志编纂委员会

主　　任　陈晓丹　丘卫青　王　静

副 主 任　赖志鸿　颜　强　肖逢春　王咏赋

广东省广州市越秀区光塔街道志编辑部

主　　编　阮　雄　何　巍　谢　文　谭建光　陈洁萍

副 主 编　何景佳　郑　冬　崔　晓

执行主编　郭艳玲　林卫红　罗定夫

编　　辑　叶曙明

编　　务　陈林琳　钟小梅　罗　璇　廖鹏辉　黄晓玎

图片提供　中共广州市越秀区光塔街道工作委员会

广州市越秀区人民政府光塔街道办事处

怀圣塔（2019年）

光塔街道办事处　提供

中国名镇志丛书凡例

一、以马克思列宁主义、毛泽东思想、邓小平理论、“三个代表”重要思想、科学发展观、习近平新时代中国特色社会主义思想为指导，坚持辩证唯物主义和历史唯物主义的立场、观点和方法，存真求实，全面、客观、系统记述中国名镇城镇化进程和改革开放成果，反映小康社会建设过程，传承和抢救乡土历史文化，激发爱国爱乡情怀，留住乡愁，为探索中国特色新型城镇化建设、服务乡村振兴战略提供历史智慧和现实借鉴。

二、为全面反映入志事物发展脉络，各志上限尽量追溯至事物发端，下限一般断至各志启动编修年份，个别重大事项可延至搁笔。详今明古，着重反映时代特色和地方特点，重点体现各镇的“名”与“特”。

三、记述地域范围以下限年份的行政辖区为主。为体现名镇在更大区域内的意义，可以从更开阔的区域视野记述与该镇相关的内容。

四、统一采用纲目体，设类目、分目、条目三个层次。横排门类，纵述史实，述而不论。

五、综合运用述、记、志、传、图、表、录等体裁，以志体为主。体裁运用适当创新，篇目设置不求面面俱到。

六、除引用文字和附录文献资料外，统一使用规范的现代语体文记述，行文力求朴实、严谨、简洁、流畅、优美，可读性强。

七、人物部类遵循“生不立传”原则，人物传主按生年排序，只选录对本镇发展有重大影响的人物，不面面俱到。

八、各项数据一般采用国家统计部门数据。数据缺乏的，采用主管部门或主办单位正式提供的数据。

九、数字用法、标点符号用法分别采用国家标准《出版物上数字用法》（GB/T 15835—2011）、《标点符号用法》（GB/T 15834—2011），计量单位采用国家技术监督局 1993 年 12 月发布的《量和单位》系列国家标准。历史上使用的计量单位，如斗、石、里、尺、磅、华氏度等，在引文时可照录。考虑到社会使用习惯，全书中亩不统一换算。

十、中华民国成立前的纪年，使用朝代年号纪年，括注公元年份；中华民国成立后的纪年，均使用公元纪年。志中所称“解放前（后）”，以该镇解放日为界；“新中国成立前（后）”，以中华人民共和国成立日 1949 年 10 月 1 日为界；“改革开放前（后）”，以 1978 年 12 月中共十一届三中全会召开为界。本志“××年代”，凡未加世纪者，均指 20 世纪。

十一、为节省篇幅，避免重复，本志采用条目互见法。参见条目的表示形式为：参见本志“××类目·××分目·××条目”。

十二、对旧志、古籍中的繁体字、冷僻字一般用简化字或通用字替换，易引起误解的则保留。

十三、记述各个历史时期的党派、机构、职务、地名等，均以当时的名称为准。对频繁使用的名称，首次用全称并括注简称，其后用简称。

十四、各镇志需要单独说明的事项，均在各自编后记中记述。

光塔街道在中国的位置

审图号：GS（2021）8722 号

光塔街道在广东省的位置

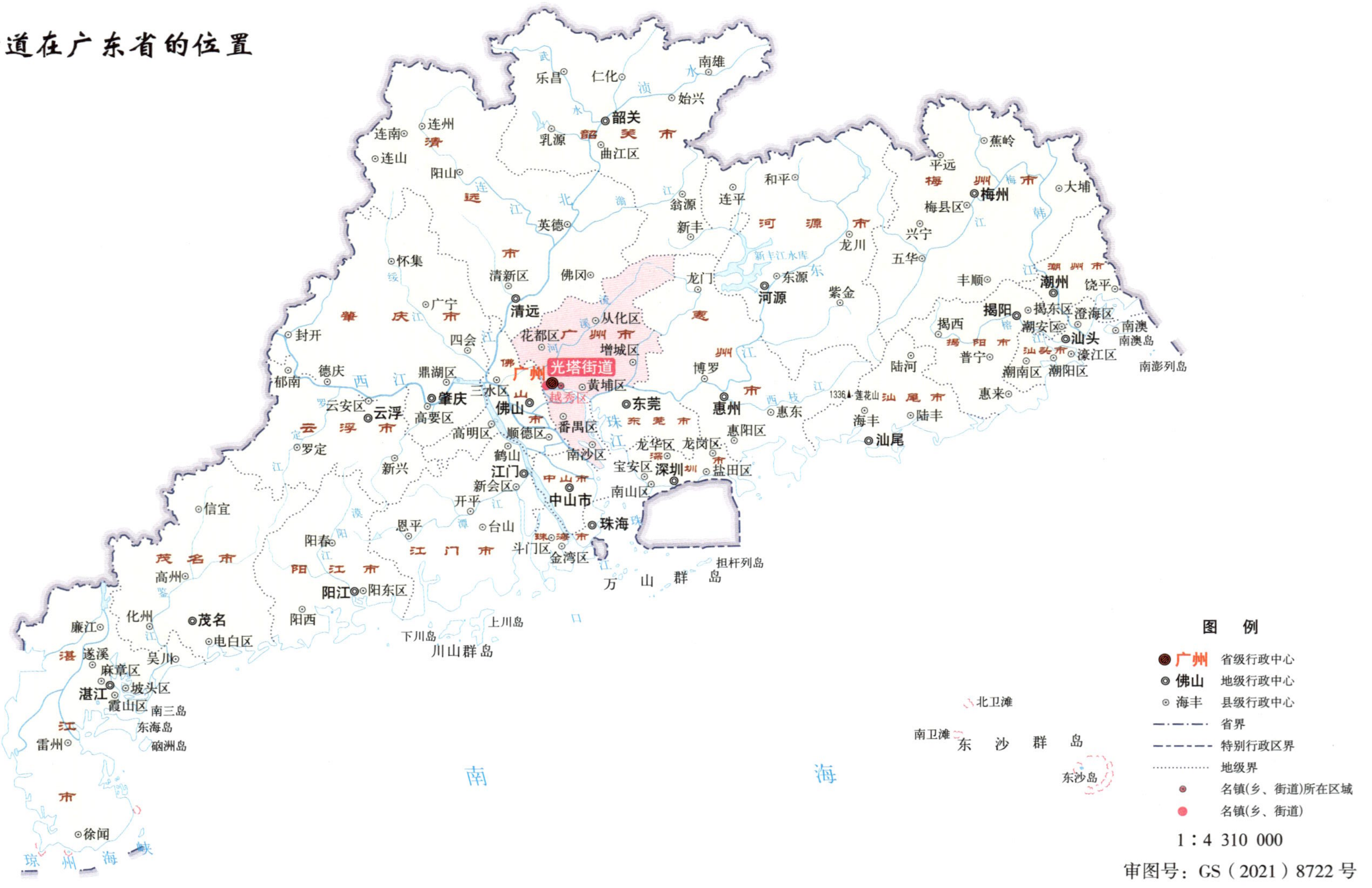

光塔街道地图

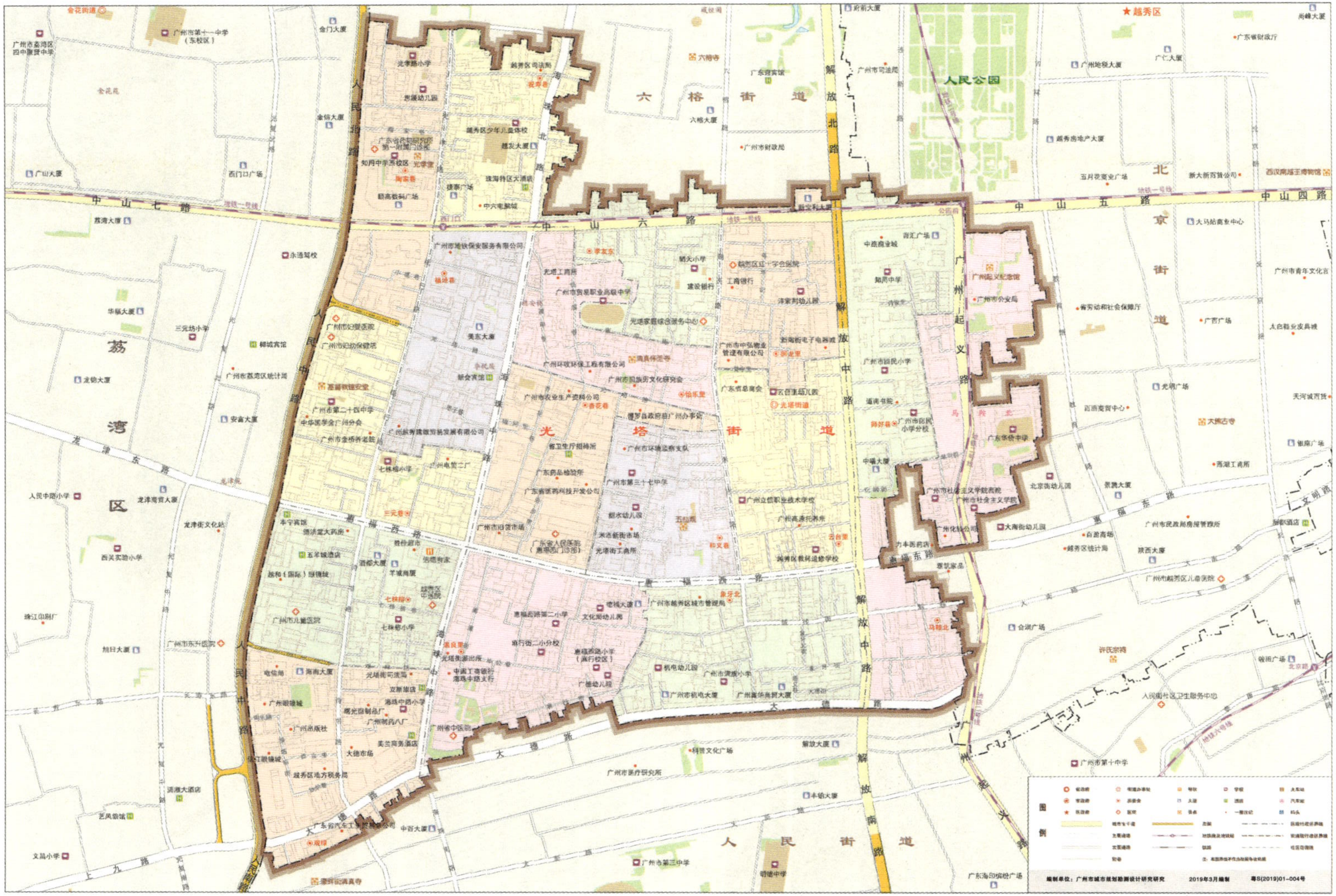

光塔街道
六榕街道
北京街道
人民街道
荔湾区
越秀区
人民公园
中山七路
中山六路
中山五路
中山四路
解放北路
解放中路
解放南路
人民北路
人民中路
广州起义路
大德路
惠福东路
惠福西路
编制单位：广州市城市规划勘测设计研究院
2019年3月编制
粤S(2019)01-004号

南粤先贤馆航拍图（2017年）

光塔街道办事处　提供

南粤先贤馆（2017年）

越秀区博物馆　提供

光塔街民族民俗文化长廊（2019年）　　光塔街道办事处　提供

雕塑作品——回满姐妹（2019年）　　光塔街道办事处　提供

解放中路（2019年）　　　　光塔街道办事处　提供

中山五路（2019年）　　　　光塔街道办事处　提供

中山六路（2019年）　　光塔街道办事处　提供

中山六路及骑楼建筑（2019年）　　光塔街道办事处　提供

伦文叙纪念广场（2019年）　　光塔街道办事处　提供

朝天小学升国旗仪式（2017年）　　光塔街道办事处　提供

目录

光塔辉耀丝路古地

一

广东省广州市越秀区光塔街道（以下简称光塔街）位于广州市中心，越秀区的西南部。1980年，被正式命名为光塔街道。行政区划东至广州起义路，与北京街道相邻；南至大德路，与人民街道相邻；西至人民中路，与荔湾区相邻；北至净慧路，与六榕街道相邻。面积1.07平方千米。

光塔街因怀圣寺光塔而得名。怀圣寺光塔坐落在光塔街的中心位置，它是唐宋时旅居广州的阿拉伯人为纪念伊斯兰教创始人穆罕默德而兴建，历尽千年风霜，饱含着岁月的信息，它见证了海上丝绸之路的灿烂辉煌，记录了源远流长的中外文明交流史。

在古代海上丝绸之路发展历史上，光塔街是中国海上丝绸之路的起点之一。早在新石器时代晚期，百越民族已与太平洋群岛有海上贸易的交往。东汉在南越国赵陀城的基础之上修筑番禺城，建安二十二年（217），交州治所从广信迁到番禺城。今光塔街紧邻西城墙，傍珠江航道。今天的光塔街惠福西路一线，海珠中路、惠福西路一带，当时均为繁忙的码头区。五仙观今有坡山古渡遗址。

魏晋时代，广州建立的对外交通航线，航程已远达印度。随着航海技术的进步，广州与罗马之间，在东晋时开通了直航线路。对内的水路交通，则沿东、西、北三江而上，与长江水系相接。水运交通四通八达，使海上丝绸之路扩展到西南、华中、江南的经济腹地，形成了一条广阔的经济带。而这个经济带的核心，就在今天的光塔街范围内。

广州因临海的地理位置而拥有开放的优势和生机。从南北朝起，集聚在今光塔街一带的蕃客，以印度和南亚人居多。唐代以后，大食商人和波斯商人逐渐增多，成为当地主要的外商群体，是广州重要的贸易伙伴。唐代，光塔街一带形成了繁荣的外贸商业区。常年侨居广州的外国商民，数以万计。唐开元二十九年（741），广州在城外划出一块地方，为外国商民提供居所，称为“蕃坊”。今米市路、光塔路一带，就是蕃坊故地。广州从此形成了“与海中蕃夷、四方商贾杂居”的国际化特色。

海上丝绸之路把中国与世界紧紧地联系在一起，也把昨天与今天紧紧地联系在一起。在这部厚重的历史书中，光塔街占有浓墨重彩的一页。

二

独特的地理条件和区位优势，使广州从西汉开始，就成为沟通中外的重要门户，而光塔街堪称广州中西文化的交融地，南北勾连的集散地，是广州中西、南北文化两条脉线的接合部和交汇点。以光塔街作为广州海上丝绸之路的起点和纽带，南北汉越民族融合和异国他乡民族文化传入，使多个民族的族群在光塔街共同生活、活动、交往，独具民族个性特色的生活场景，构成了光塔街地缘文化的多面体。

海上贸易往来为广州带来多姿多彩的海外文化，有如百川汇聚，互相融合，相依并进，兼容并包，日趋宽阔博大。两晋时期，西域梵僧沿海路赴中国弘法。西晋太康二年（281），印度僧人迦摩罗从西天竺抵达今广州传教，修筑三归（又称三皈）、仁王二寺，这是广州最早的两座佛寺。仁王寺就在今光塔街辖内的诗书路南端。同一时期抵达的天竺僧侣，络绎不绝。

唐高祖武德年间（618—626），伊斯兰教“封印先知”穆罕默德派遣使者到中国传教，曾寓居蕃坊，并兴建中国第一座清真寺——怀圣寺。

光塔街还坐落着著名的基督教锡安堂和基督教光孝堂，这两座分别兴建于20世纪20年代和30年代的教堂，是清末民国初西方文化传入和基督教本土化的历史证物。

光塔街在唐宋时是海外客商的聚居地，清代以后，又成为满族民众的聚居地，被称为“旗界”。清明节及重阳节举行祭祀仪式，春节拜祖和农历十月十三的颁金节等，体现着浓郁的满族文化传统特色。源源不断的南迁士民，为广州带来丰富的中原文化养分，与南越文化渐相融合，广泛传播。

广州市有两所民族小学，回民小学和满族小学，均设在光塔街内。广州市回民小学是广东省内唯一的回族子弟小学，创办于 1929 年，前身是清真小学。广州市满族小学是全国首家以满族命名的学校，也是广东省唯一的满族子弟学校，原称国光小学，创办于 1946 年 6 月，该校在广州有三处校区，分布在光塔街的光塔路、大德路、象牙街。

进入 21 世纪，光塔街生活着汉族、满族、回族、壮族、土家族、维吾尔族、蒙古族、苗族、瑶族、朝鲜族、畲族、侗族、藏族、黎族、白族、毛南族、布依族、傣族、仡佬族、哈尼族、高山族、水族、东乡族、达斡尔族、锡伯族、俄罗斯族 26 个民族，是广州市少数民族聚居较多的街道之一。

不同的民族，有不同的假日和节庆活动，有不同的民族传统和宗教习俗，也有各自的文化和艺术表现形态。如延续到清代的四牌楼（今解放中路）元宵节灯，全城老少都有到四牌楼参加赏灯活动的传统，今天的五仙观也成为举办元宵节灯会的主会场，供市民群众赏灯。广州走马灯、潮州灯屏、东莞千角灯、大良鱼灯，远近驰名，是岭南珍贵的非物质文化遗产。

农历五月初五的端午节，光塔街的大街小巷，家家包粽子，户户飘粽香。市井街头的小食店也会推出各种粽子——裹蒸粽、咸肉粽、碱水粽、绿豆粽等。农历八月十五中秋节，中山六路、人民中路主干道一带的食品商店摆满了月饼、芋仔、田螺、红柿、阳桃等应节食品供市民群众选择，亲朋好友间常以月饼作为互相馈赠的手信。

怀圣寺每逢开斋节、古尔邦节和主麻日等宗教节日，都有伊斯兰教徒到此举行庆祝活动和礼拜仪式。在一年两季的中国进出口商品交易会（广交会）期间，也有阿拉伯商人前去做礼拜。

2009 年，光塔街被授予“广东省民族团结进步模范集体”称号；2011 年，杏花巷社区被授予“广州市民族团结进步模范社区”称号；2012 年 2 月，杏花巷社区被授予“广东省民族团结进步模范社区”称号；2012 年 8 月，光塔街被授予“全国民族团结进步创建活动示范街道”称号；2014 年 9 月，在中央民族工作会议暨国务院第六次全国民族团结进步表彰大会上，光塔街被授予“全国民族团结进步模范集体”称号。

三

在中国近代史上，光塔街有着光荣的革命传统。在国民革命运动、“广州起义”等历史现场，光塔街始终处在最前沿，历经许多重大事件的洗礼，而今已成为著名的爱国主义教育基地。

清光绪三十一年（1905），孙中山在日本组织同盟会，提出“驱除鞑虏，恢复中华，创立民国，平均地权”的革命纲领。光绪三十四年（1908），同盟会在光塔街的师古巷（今师好巷）大同旅店建立广州保亚会，策划以新军为主力的暴动。革命党人在新军里散发“保亚票”，作为参加起义的凭证，光塔街师古巷、马鞍街一带，成为革命党秘密活动的主要据点之一。起义虽然失败，但它为清宣统二年（1910）广州新军起义做了思想准备，亦成为宣统三年（1911）广州小东营起义和辛亥革命的先声。

20 世纪 20 年代，国共两党在广州实现了第一次合作，共同推动国民革命运动。1921 年 8 月，中国劳动组合书记部南方分部在广州成立，地点就设在光塔街的玉华中约。9 月，南方分部在该部二楼设立“爱群通讯社”，并出版《星期报》；筹备召开第一次全国劳动大会，为 1925 年全国工人运动高潮的到来，做了充分的宣传与动员工作。

1927 年，中国共产党人在广州举行了震惊中外的广州起义，打响了武装反抗国民党反动派的枪声。12 月 11 日，起义部队攻占了位于光塔街维新路（今广州起义路）的广州市公安局。12 月 12 日下午，共产党人和起义军民在光塔街的丰宁路西瓜园广场（今同乐路附近）召开“广州工农兵拥护苏维埃政府大会”，宣告广州苏维埃政府正式成立。苏维埃政府设在维新路广州市公安局内。广州起义是中国共产党在 1927 年组织的三大起义之一，在这次起义中建立的广州苏维埃政府，是中国共产党在城市建立的第一个苏维埃政权。

1949 年 10 月 1 日，中华人民共和国成立。中国人民解放军兵分两路，沿广从、广花公路进军广州。10 月 14 日，第一支到达广州的解放军部队，由中华北路进入市区，从而翻开了广州历史的新一页。1951 年“八一”建军节，为纪念中国人民解放军进城，正式将中华（北、中、南）路更名为解放（北、中、南）路。解放中路在光塔街范围内。

四

光塔街自古以来就有“百货之肆，五都之市”之称。晋代，光塔街区域内位于惠福西路北侧米市路与甜水巷之间的坡山是重要的码头，称“坡山古渡”，海内外商贾咸集，商贸活动活跃，形成了一个繁华热闹的商品集散地。唐代，坡山西侧的西澳地，是商船湾泊之地，中外商船均在这里停泊上岸和起航出海，是海舶进出广州的一个重要港口。明清以来，由于广州地理环境的变化，城垣扩展，珠江岸线南移，光塔街不复临水，外贸码头亦已迁移至十三行及黄埔港一带，但作为历史上繁荣的外贸中心，光塔街各种商业依然繁荣兴盛。至近代，民族工商业在中国勃然兴起，在大环境潮流推动下，光塔街的工商业发展也更加迅速和更趋成熟。

1931 年，广东省政府公布广州的市区道路系统图，将市区划分为商业区、工业区和住宅区。惠爱路（今中山五路）被列入商业区内。光塔街形成多条各具特色的专业街，包括丰宁路（今人民中路）的汽车零配件和轮胎翻新专业街、纸行路的纸张裱糊专业街、大德路的小五金专业街等。广州人所熟悉的岭南饼干、亚洲汽水、珠光灯泡、星群制药、虎头电筒和广州卫生材料厂等品牌和企业，都诞生于光塔街。

1958 年，广州商业网点大调整，中山五路—北京路被定为全市一级商业中心。中山五路西段今属光塔街管辖，华北饭店、新星戏院、鸡林等著名商业店号，均分布在该路段。作为商业中心的延伸区域，中山六路商业繁荣，酒家、饭店、百货店、电器店、时装店、茶叶店，密集分布，小食店鳞次栉比，一片兴旺。

广州起义路的旗帜铭牌奖杯产品展销市场、米市路电子元件一条街、陶街的二手小电器市场、光孝路宗教文化工艺品一条街、人民中路眼镜专业市场、海珠北路冷冻配件市场、惠福西路电动工具五金配件市场等，一年四季客似云来，货如轮转，声名远播至东南亚地区。

光塔街的商业带有浓厚的平民色彩，商品五花八门，琳琅满目，价廉物美，尤其适合平民百姓消费。当现代城市商业不断向豪华化、大型化发展时，光塔街的商业依然保持着平民化的一贯特色。在大型时尚购物商场找不到的针头线脑、煲盖碗盏、小五金、小百货，在这里的街边老铺里都能找到。许多市民，甚至还有外国人，都喜欢到中山六路、海珠北路、解放中路、陶街、米市路，在大大小小的老铺小摊之间，穿梭流连，购物消费。这种“趁墟”式的平民化逛街购物，也正是光塔街商业最显著的特点之一。

光塔街拥有深厚而璀璨的人文历史，就像一颗明亮的星星，在广阔无垠的天空，别具一种深邃、古朴、迷人的独特魅力。

基本街情

光塔街位于广州市越秀区西南部，冬暖夏热，光照充足，雨量丰沛，气候温和，四季常绿，宜居宜业。光塔街有源远流长的人文历史，早在一千多年前，坡山渡口就是中国海上丝绸之路的起点之一，航线远达波斯、阿拉伯及东南亚各地，成为中国的主要海洋门户，有“百货之肆，五都之市”之称。

1912年，拆城墙，筑马路，光塔街作为老城区最密集的居民区之一，交通四通八达。中山五路、中山六路横亘东西，联结城内商业中心（北京路）与城外商业中心（荔湾区），解放中路则纵贯南北，联结航空枢纽原白云机场与市区交通枢纽海珠桥，为街道的工商业发展提供了有利的地理条件。民国时期，光塔街是广州民族工业的基地之一，许多著名的工厂企业，如亚洲汽水厂、广东电器制造厂、星群制药厂、新民敷料厂等，均奠基于此。光塔街也是广州文化教育的重要基地之一，清代在光塔街范围内有众多的书院，南海县最高学府南海县学就设在此；作为中国最早创办的外国语学校之一的广州同文馆，也设于此；广东国民大学（第二校舍）、广东中医药专门学校等均设于街道范围之内。20世纪50年代以后，光塔街以发展街道工业和小商业为主，成为人口稠密的居民区。

建置区划

建置沿革 西汉高祖三年（前 204），赵佗起兵兼并桂林郡和象郡，建立南越国。光塔街属南越国辖地。汉武帝定南越，置交趾。西汉元鼎六年（前 111），复置南海郡，光塔街属南海郡。三国吴黄武五年（226），交广分治，广州治所设番禺，光塔街属番禺县境。隋大业三年（607）罢番州为南海郡，番禺县属南海郡。唐至南汉年间，广州先后置广州都督府、兴王府（广州易名），光塔街属其辖管。北宋开宝四年（971），平南汉，复称广州，光塔街属南海县。明清置广州府，辖番禺、南海两个县，今光塔街属南海县。

民国时期，光塔街属南海县管辖。1920 年 12 月 23 日，广州临时市政法案公布，旧属番禺、南海两县各一部分地区合并为一个行政单位，以省会设市，光塔街归省城管辖。1948 年，广州市划分为 28 个行政区，光塔街主要属惠福区。1949 年 12 月，广州市

杏花巷社区（2019年） 光塔街道办事处 提供

成立 28 个区人民政府，光塔街范围大部分属惠福区。光塔街前身是 1950 年成立的海塔街，属惠福区，1952 年划归中区管辖；1953 年，该街与惠福街各一部分合并成立光塔街道办事处。1960 年，与解放中街、纸行街合并成立光塔人民公社；翌年，复名光塔街道办事处。1968 年，改称光塔街革命委员会。1980 年，复称光塔街道办事处。1999 年 4 月，越秀区调整街道行政区划，诗书街与纸行街合并为诗书街，光塔街、解放中街合并为光塔街。2013 年 1 月 23 日，越秀区部分街道合并，由原光塔街、诗书街以及大新街的庆福里、象牙北、魁巷 3 个社区合并成新光塔街。同年 3 月 15 日，新光塔街正式挂牌。

行政区划　1999 年 4 月，并街后的光塔街有社区居民委员会 22 个，后经两次调整，2004 年 4 月，光塔街 15 个社区居民委员会合并成为马鞍北、师好巷、诗家里、玉华坊、云台里、回龙里、和义巷、怡乐里、杏花巷、孝友东 10 个社区居民委员会。

2013 年 1 月 23 日，越秀区对部分街道进行合并，诗书街道办事处和大新街道办事

怡乐里社区（2019年）

云台里社区（2019年）

师好巷社区（2019年）

光塔街道办事处（2019年）

甜水巷（2019年） 光塔街道办事处 提供

处撤销，原诗书街的观绿、七株榕、温良里、白薇、通宁道、枣子巷、三元巷、福地巷、陶家巷、祝寿巷10个社区和原大新街的庆福里、象牙北、魁巷3个社区划归光塔街道。

2013年3月15日，新光塔街正式挂牌，共管辖23个社区。2014年2月，社区优化设置，撤销枣子巷、庆福里、玉华坊、通宁道、魁巷、白薇、诗家里7个社区居民委员会。调整后，设马鞍北、师好巷、回龙里、孝友东、云台里、怡乐里、杏花巷、和义巷、福地巷、陶家巷、祝寿巷、三元巷、观绿、七株榕、温良里、象牙北16个社区居民委员会。

1999年解放中街并街前各居民委员会一览表

表1

名称	地址	小组数（个）
第一居民委员会	广州起义路245号	8
第二居民委员会	贤藏街25号	9

续表1

名称	地址	小组数（个）
第三居民委员会	师好巷3号之一	9
第四居民委员会	南朝街49号	10
第五居民委员会	桂香街11号	10
第六居民委员会	粤华西街	13
第七居民委员会	解放中路386号	14
第八居民委员会	云台里12号之一	13
第九居民委员会	陶街16号后座	12
第十居民委员会	回龙里41号	8
第十一居民委员会	学宫街64号	8
第十二居民委员会	玉华坊22号	9

1999年光塔街并街前各居民委员会一览表

表2

名称	地址	小组数（个）
第一居民委员会	米市路61号后座	12
第二居民委员会	甜水巷29号之一	19
第三居民委员会	光塔街7号	9
第四居民委员会	杏花巷54号	13
第五居民委员会	擢甲里34号	11
第六居民委员会	玛瑙巷9号101室	12
第七居民委员会	崔府街32号101室	7
第八居民委员会	孝友东街1号之二	10
第九居民委员会	朝天路70号	7
第十居民委员会	中山六路116号后座	10
第十一居民委员会	学宫街64号	8
第十二居民委员会	玉华坊22号	9

2018年光塔街各社区居民委员会一览表

表3

社区居民委员会名称	地址
马鞍北	魁巷新街7号
师好巷	解放中路贤藏街69号103（后座）
回龙里	解放中路马王庙10号2楼
云台里	惠福西路道华新街6号
和义巷	惠福西路266号二楼
怡乐里	光塔路怡乐里1号
杏花巷	杏花巷19号首层
孝友东	玛瑙一巷3号一、二楼
观绿	大德路24号首层
七株榕	海珠中路七株榕8号之一
温良里	海珠中路南濠街51号地下
三元巷	由仁巷7号之一地下
福地巷	海珠中路135、137号地下
陶家巷	中山六路289号地下
祝寿巷	书同巷4号
象牙北	走木街26号

自然地理

地理区位 1999 年并街前，光塔街位于越秀区中部。东起朝天路、米市路，与解放中街相接；西到海珠中路，与纸行街相邻；南抵惠福西路，与诗书街、解放南街相交；北至中山六路，与六榕街相连。面积 0.205 平方千米。街道办事处设在朝天路井泉街 3 号。1999 年并街后，光塔街东起起义路北段，与北京街相接；西到海珠路，与诗书街相依；南临惠福西路，与大新街相交；北至中山五路西段、中山六路东段，与六榕街、广卫街相望。面积 0.44 平方千米。街道办事处设在解放中路云台里 26 号。2013 年，由原光塔街、诗书街及大新街的庆福里、象牙北、魁巷3个社区合并，组建成为新的光塔街。面积 1.07 平方千米。并街后，光塔街东至广州起义路，与北京街道相邻；南至大德路，与人民街道相邻；西至人民中路，与荔湾区相邻；北至净慧路，与六榕街道相邻。街道办事处设在解放中路云台里 26 号，地理坐标为北纬 23° 7′ 20″，东经 113° 15′ 43″。

地形地貌 先秦时代，今光塔街地区属南海溺谷湾一部分，分布着大大小小的沙洲和岛屿，海水可直达越秀山南麓。经当代地质钻孔勘探，在天成路、大德路、光塔路的地层下发现古时的蚝壳，在大德路地层下发现泥蚶。

至秦汉时期，随着北江、西江和东江冲刷下来的泥沙日益堆积，形成冲积平原，海水向南退去，溺谷湾消失，珠江河道成形。至两晋时期，珠江北岸在今惠福西路一线，原江中的沙洲、岛屿连成一片，出现丘陵起伏的地形。

惠福西路北侧，五仙古观东侧为红色砂砾岩岗地，名为坡山，是明清时期广州老城区发现的唯一天然岩石露头，《广东新语》中记载："（广州）城中天然之石惟此，余皆客石。"坡山南麓突出江边，状如岬角，是一个天然避风良港。

由于河道的天然淤积，加上南宋以后广州人口快速增长，西澳码头区一带成为繁华商业区，人们不断填地建房以满足居住需要，珠江北岸岸线逐年南移。至 1931 年，以海珠石并入北岸为标志，珠江北岸基本定形。

光塔街北部属越秀山余脉，东、西、北三面均有岗丘环绕，地势较高，成陆较早。象岗山、西山、席帽山、龟岗、浮丘等地名，到了近代依然存在。光孝寺倚西山而建，寺内曾有对联"唐汉无双寺，古今第一山""禅教遍寰中，兹为最初福地；祇园开岭表，此是第一名山"，这些对联都能反映出当时地貌。随着时代变迁，今光塔街一带逐渐发展成为平坦之地，云台里海拔 11 米，光孝路海拔 20 米。

气候特点 光塔街位于北回归线以南，属于亚热带季风气候，具有气温高、降水多、霜日少、日照多、风速小、雷暴频繁的特点。根据 2015—2018 年统计值，光塔街气温年际变化幅度不大，以 7 月、8 月最高，为 33.2℃；1 月最低，为 13.9℃。降水量以 6 月最高，为 318.6 毫米；12 月最低，为 29.3 毫米。夏季吹偏南风，温暖潮湿，冬季因有寒潮入侵，吹偏北风，偶有干燥寒冷，呈现明显季节性特征。夏秋两季受副热带高压控制，每年都会受到台风影响。

2018 年，光塔街全年平均气温为 23.3℃。极端最高气温 37℃，出现在 5 月下旬；极端最低气温 3.7℃，出现在 1 月下旬。全年总降水量为 2042.5 毫米，受到 3 个台风影响。

水文特征　东汉以前，今光塔街范围未完全成陆。三国时，今光塔街部分地区位于巨海之中。至两晋时期，珠江广州段河道逐渐成形，河道的北岸就在今光塔街。南汉、宋初时，中山六路以西仍是可停泊上千只船的河道，水域宽阔。清乾隆年间（1736—1795），在元妙观（今中六电脑城）旁挖出一条唐宋时期的海船，由此可推测该地以前属于海域。后来，河道逐渐被填埋，陆地连成一片，形成冲积平原。

光塔街古时地下水资源十分丰富，有较多名井。《新唐书·地理志》所载唐代广州四大名井中的日泉井、月泉井，均在光塔街范围内，今都已湮灭。越秀区仅存两个活泉眼，一个是珠泉，在药洲；另一个是陀泉，在五仙观“仙人拇迹”凹穴内。除此之外，如甜水巷中的甜水井，被屈大均列为广州十大“佳泉”之一；中山六路有明代羊城八景之一的琪林苏井，位置约在今中六电脑城，也是广州名井之一；海珠中路有龙起井。

海珠中路在唐宋时有南濠，水通西澳，现仍存南濠街地名。海珠中路旧名西濠街，是南宋、元代的护城水道所在地。南宋以后，西澳逐渐淤塞湮没，在今海珠中路与惠福西路相交处以北，仅存大古渠，与南濠相接，经玉带濠出入珠江。明代三城合一，重修西城，旧西濠、南濠被填平，发展成为街巷。

宋代，广州大兴水利，利用城里的天然溪水沟堑，开凿六条大水渠，史称“六脉渠”，是当时广州最重要的排水系统。其中，有四脉从光塔街经过。民国以后，随着城市开发建设，六脉渠均被填平，不复存在。至此，光塔街辖内再无任何自然河流水涌，也没有地表水道。

人口民族

人口状况

2018年，光塔街人口29588户82599人，户籍迁入2626人，迁出3690人。居民以汉族为主，有满族、回族、壮族、土家族、维吾尔族、蒙古族、苗族、瑶族、朝鲜族、畲族、侗族、藏族、黎族、白族、毛南族、布依族、傣族、仡佬族、哈尼族、高山族、水族、东乡族、达斡尔族、锡伯族、俄罗斯族25个少数民族。全街总人口中，男性40129人，女性42470人。

年龄构成 至2018年12月31日，全街总人口中，0～4周岁3205人、5～9周岁2571人、10～14周岁2292人、15～19周岁2376人，20～24周岁3372人、25～29周岁3058人、30～34周岁6325人、35～39周岁5664人、40～44周岁4431人、45～49周岁6216人、50～54周岁6683人、55～59周岁9654人、60～64周岁9411人、65～69周岁6054人、70～74周岁3540人、75～79周岁2492人、80～84周岁2724人、85～89周岁1708人、90～94周岁652人、95～99周岁161人、100周岁以上10人。

文化构成 至2018年12月31日，光塔街6周岁以上人口80451人，受小学以上教育70463人，占应受教育人口87.59%。其中，小学8641人，占10.74%；初中21536人，占26.77%；高中26931人，占33.48%；大专5236人，占6.51%；本科7094人，占8.82%；硕士及以上1025人，占1.27%。

人口迁徙 西晋永嘉之乱（311）后，北方普遍陷于战乱，天灾也连年发生，大量人口逃亡南方，包括广州以内的岭南一带成为流民安身立命的地方，广州治所的南海郡流入最多，光塔街即属南海郡。

居住在广州市越秀区的回族有悠久的历史，今多聚居在光塔街，其来源主要有三个方面。一是唐宋年间到广州贸易的波斯和阿拉伯蕃客的后裔，他们被认为是广州回族的先民。二是明清时期由各地到广州驻防的军士、工匠、商人、宗教职业者。据回族族谱资料记载，明清时期在罗定、龙门等地有少量回族人口分布，后来部分迁徙到广州。三是民国至中华人民共和国成立初迁到广州的回族人。据 1932 年 10 月统计，全广州市有回民 2145 人，居住在永汉区、小北区、光孝区、惠福区的共有 1557 人，占 72.58%。中华人民共和国成立初，因随军南下、部队转业、工作调动、毕业分配等原因，各地回族人口有不少迁至广州。

满族人口迁徙主要是满军八旗驻防广州。在粤的满族，主要是清乾隆二十一年（1756）驻粤八旗子弟的后裔，驻地是广州城内南海县辖下的“旗民区”。各旗驻防地段，属八旗佐领管理的地方，该旗的满族子弟必须居住在所属地区内，不得任意迁徙。

历经朝代更替，广州市越秀区以其独有的特性包容着各方来客。在光塔街这个有着浓郁民族风情的街道里，各民族群众和睦相处、安居乐业。

民族分布 光塔街是越秀区乃至广州市少数民族居民集中，民族成分多，民族经济贸易、文化交往历史悠久的行政街道。居民中除汉族外，所分布的少数民族人口以回族及满族居多。

光塔街的回民自唐宋始便有记载，蕃客迁徙至广州，多居住在以光塔路怀圣寺为中心的周围地带。光塔路，旧称大食巷，是大食商人的聚居地。在《唐大和上东征传》和《旧唐书·李勉传》中均有记载，当时留驻广州的阿拉伯人有专人接待，并有专供蕃商寓居的外侨区（光塔码头一带）。明清时期，自各地到穗驻防的回族军士多居住在“回回营”，即大东营（在今芳草街）、小东营（在今越华路）、西营（在今光孝路）、竹筒营（在今解放北路）。民国时期，广州市怀圣清真寺、小东营清真寺、濠畔清真寺、南胜清真寺所在的光塔街和小北路湛家园、法政右巷（今法政路一带）、濠畔街、南胜里、可竺巷（今大南路）等一带，形成 4 个回民聚居区，俗称“四坊”。

满族人口多为清代驻粤八旗子弟的后裔，居住在广州城里西边靠南地区。驻防区域东西线是：东自四牌楼（今解放中路）街中心起，西至西门城墙（今人民中路）止。南北线是：南自大德街归德门城墙（今大德路）起，北至光塔街街中心止。满洲八旗子弟居住地区内，各旗驻防地段，划有分界线，不得混淆。

2010 年，光塔街少数民族常住人口约 1000 人。2016 年，光塔街有少数民族常住人口 3154 人。2018 年年底，光塔街有少数民族常住人口 1870 人。

基础设施

主要道路 光塔街位于越秀区西南部，广州城市传统中轴线西侧。东起起义路北段，与北京街相接；西至人民北路、人民中路，与荔湾区毗邻；南抵大德路，与人民街连接；北达净慧路，与六榕街接壤。光塔街辖内主要道路有人民中路、人民北路、中山五路、中山六路、大德路、解放中路、起义路、惠福西路、海珠中路、光塔路、诗书路、纸行路、观绿路、朝天路、米市路。

1929 年 8 月，广州市政府行政会议确定修建市区马路 61 条，分三期兴筑，大部分在今越秀区内，覆盖光塔街范围。中华人民共和国成立后，在越秀区内先后新建人民北路（北段）、侨光路、环市中路、环市西路、站南路、站前路共 6 条（段）马路，其中人民北路（北段）就在光塔街。1994 年，越秀区内马路增至 95 条，其中属一级马路 16 条，光塔街内就有 5 条。1995 年，越秀区除扩建中山路部分马路、人行道外，还投入近 400 万元铺设路面 8.78 万平方米，其中光塔街内的米市路和惠福路修铺彩色砖人行道。1999 年 6 月，广州市全面下放市政管理事权，广州市市政园林局将市管道路与区管道路重新划分。区管道路 92 条（含市委托区管的道路 7 条），其中主干道 7 条，光塔街内 1 条；次干道 58 条，光塔街内 14 条；支路 27 条，光塔街内 2 条。其中，环市路和解放路实施“一路两制”，即人行道由区管，车行道由市管。2004 年，广州市职能部门投入资金 1050 万元，修铺广州起义路，铺设沥青路面 3.45 万平方米，铺设人行道 1.4 万平方米。

公共交通 光塔街位处广州市传统中轴线西侧，东西主干道中山五路、中山六路和南北主要马路广州起义路、解放中路、人民中路，均从这里经过，是广州老城区的公共交通枢纽。

广州公共交通建设起步于 20 世纪初，早期的公共汽车总数，维持在 15 ~ 30 辆，

光塔路56路公交车总站（2019年）　　光塔街道办事处　提供

位于光塔街的地铁站（2019年）　　光塔街道办事处　提供

只行走 4 条线路，分为红、黄、绿三色和一条新线路，其中绿线路公共汽车行经光塔街的丰宁路（今人民中路）、惠爱西路（今中山六路）。二十世纪二三十年代，广州的公共汽车有 11 条线路，其中 5 条（车名为通行、交通、发达、广州、中华）从光塔街范围经过。50 年代，广州市区有 12 条公共汽车线路，其中 7 条（2、3、4、6、7、8、12）从光塔街经过；60 年代开通 3 条无轨电车线路，均从光塔街经过。

20 世纪 80 年代以后，广州市的公共交通事业取得突飞猛进的发展，逐步形成对外连接高效、内部联系紧密的交通网络，四通八达，拉近了城市的空间距离。途经光塔街的公共汽车线路有 64 条，其中 12、24、27、42、58、74、85、88、193、233、250、

182、215、233、264、833、102、104、107 等线路从中山路经过；6、14、29、64、253、519 等线路从起义路经过；6、87、101、110、113、209、217、244、250、253、273、519 等线路从解放中路经过；2、4、38、102、103、128、134、186 等线路从人民中路经过；56 路公交车总站设在光塔路，方便市民转乘。

地铁 1 号线、2 号线从光塔街经过，在公园前站可换乘。公园前站于 1999 年 6 月 28 日随广州地铁 1 号线投入使用，地处北京路—中山路商业圈的中心位置，一直保持着较高的客流水平。

公用设施

邮政　清光绪二十三年（1897），广州成立“大清邮政广州总局”。1936 年，在华宁里（今越秀区广卫路）设老城邮局。同年，全市设邮政支局 21 处。中华人民共和国成立后，广州邮政事业有了很大发展，邮政支局、所纷纷成立。光塔街的中山六路邮政支局于 2000 年 7 月 12 日在广州市工商行政管理局注册成立，邮政业务范围不断拓展，邮政服务项目日趋多元化，除信函包裹（件）、汇兑、报刊发行等传统业务外，又先后推出集邮、特快专递、邮政增值、邮政储蓄、旅客票务代理、移动电信业务代理服务等新业务。

中山六路中国邮政储蓄银行（2019年）　光塔街道办事处　提供

民国时期的西关水塔 叶曙明 提供

供水 清光绪三十二年（1906），广州第一座供应自来水的水塔——西关水塔建立，向西关、南关和惠爱路一带供水，覆盖光塔街部分范围，1976年被拆除停用。民国时期，越秀区内有越秀山水塔供水。开始使用自来水时，不少居民在街巷中的公用水龙头取水。1980年，自来水管线安装覆盖所有住宅，居民从此结束长期以来用桶挑水的困局。1991年，生活用水收费0.24元/立方米、工业用水0.35元/立方米；1997年，生活用水0.70元/立方米、工业用水1.05元/立方米；2003年，生活用水1.53元/立方米、工业用水1.25元/立方米；2004年，生活用水0.90元/立方米、工业用水1.25元/立方米、加污水处理费0.70元/立方米；2005年，加污水处理费0.63元/立方米。2012年，居民生活用水第一阶梯（每户每月用水量27立方米及以下）1.98元/立方米，第二阶梯（每户每月用水量27～34立方米，含34立方米）2.97元/立方米，第三阶梯（每户每月用水量34立方米以上）3.96元/立方米；非居民生活用水3.46元/立方米；特种用水20元/立方米。

供电 清光绪十六年（1890），旅美华侨黄秉常集股创办中国第一家电灯公司，发电量可供包括光塔街在内的广州城内街道的店铺和公共场所电灯照明之用。光绪二十七年（1901），英商旗昌洋行承办的广州电灯发电厂（五仙门发电厂）投产，厂址设在长堤（今沿江路海珠广场西侧），1929年投运。1949年6月，城北变电站（今盘福路）投运。两座变电站均位于越秀区内，供电范围覆盖光塔街。中华人民共和国成立后，电力事业迅速发展，电力资源也进入光塔街家家户户。光塔街供电源以省网为主，由市供电部门管理。至 2018 年，居民生活用电价第一档 0.5921 元 / 千瓦时，第二档 0.6421 元 / 千瓦时，第三档 0.8921 元 / 千瓦时。1996 年，居民用电开始推行“一户一表”，改变原来一幢楼、一层楼或多户共用一个电表的状况，加强街道社区用电安全管理。光塔街在各社区逐年开展“一户一表”改造工作，2017 年完成对和义巷、象牙北、云台里 3 个社区约 4000 户居民“一户一表”改造工作。

供气 中华人民共和国成立前，光塔街居民多以柴薪为燃料。中华人民共和国成立后，在较长的时期内，以煤为主要燃料。20 世纪 80 年代起，液化石油气逐渐取代蜂窝煤，供气方式有罐装气和管道气。为方便居民，诗书街第六居民委员会率先特设上门收瓶、送气到家的业务。1996 年后，广州市液化石油气市场放开经营，罐装石油气每瓶（15 千克）价格 50 ~ 60 元，2005 年每瓶曾经超过 100 元。1988 年，越秀区开始在区内各街道铺设煤气管道。至 2000 年，管网覆盖全区，光塔街居民也陆续用上管道煤气。2015 年，光塔街加大力度推进管道燃气推广使用工作，至同年年底，全街符合地管敷设条件的区域基本实现燃气管网全覆盖，符合安装条件的住户也实现全覆盖。2018 年，光塔街推广瓶装气改管道气业务，同时组织开展公开推广宣传活动，通过派发宣传单及小册子，提高居民对管道燃气的知晓率。

排水 宋代，广州大兴水利，利用城里的天然溪水沟堑，开凿六条大水渠，史称“六脉渠”，是当时最重要的排水系统。在宋六脉渠中，有四脉从光塔街经过。其中，一脉由六榕寺附近起，经惠福西路入大古渠；一脉由净慧路起，经海珠北路、擢甲里、光塔路入大古渠；一脉由光孝路起，经诗书路、尚果里入南濠；一脉由人民公园起，经贤藏街、马鞍北街出城。民国以后，随着城市开发建设，六脉渠均被填平，不复存在。今光塔街已无地表水道，主要依靠暗沟管道排水，最终受纳水体是珠江。中华人民共和国成立前，街道排水设施简陋落后，每逢暴雨，不少住宅遭受污水淹浸，濠涌附近的居民处境更为恶劣。广州解放后，光塔街一方面大力清疏渠道及濠涌，改善环境卫生，一方面配合市、区修建下水道系统，敷设内街下水道渠管，完善排水设施，并将原有濠涌分期分批改建为箱渠式暗渠。1952 年，光塔街内的观绿路渠箱完工投入使用。至 1991 年，光塔街大部分排水管道已由原来的瓦管道改建成现代的混凝土管道。1964 年，排水设施的市、区分工制度建立，60 厘米管径以上干渠养护与维修由市管理，60 厘米以下内街支干渠养护与维修由区管理。排水设施按规定要求实行清污分流，在污水处理厂经沉沙、沉淀、生化处理（除磷脱氮）、泥水分离等一系列流程，再排放入珠江。2015 年，光塔街推进市政基础设施建设，完成城市道路挖掘、临时占道、公共排水设施接驳核准等行政审批，实行路面改造、新建改建排水管、清疏管道、清井并清运排水管、井淤泥等。2017 年，光塔街清疏下水道 1000 多米，清理沙井 186 个、化粪池 17 个，沙井补盖 213 米，修补地面 680 平方米。

街道建设

社区改造 光塔街属老城区，原街巷较为狭窄，房屋大多为砖木瓦面结构的平房，陈旧、拥挤。1918 年，广州成立市政公所，1921 年改为市政厅，开始对城区进行规划与整治。1919 年，拓宽惠爱西路（今中山六路）；开辟维新路（今起义路）为广州新城市中轴线；1920 年拆除西城墙，修筑丰宁路；同年拆除南城墙，修筑大德路；开辟惠福西路，沿路种植绿树，成为广州第一条绿化马路；1930 年扩建海珠中路，修筑诗书路，改造四牌楼，扩筑为骑楼街，基本形成今光塔街的街巷格局。

二十世纪八九十年代，政府投入大量资源，对街道进行整治。1986 年，诗书街等街道编制建设规划，调整规划布局，保证建筑间距，控制建筑密度；合理配置公共建筑项目，预留文教用地；开展观绿路工业品市场入室经营、改造红书市场（今大德市场）等环境整治工程。1993 年平整瑞兴新街、崔府街、进步里、杏花巷、井泉巷 5 条内街路面。1995 年，撤销占道经营的米市路农贸市场，整顿乱摆（卖）严重的朝天路、米市路、光塔路交界处地带，使街道环境焕然一新。1991—1994 年，诗书街共投入 50 万元，平整南濠街、毕公巷、白薇街、大德新街等处破旧路面，铺设观绿路人行道。1999 年，整饰小纸巷、海珠路、祥龙里路面 0.80 万平方米；2000 年，重新铺设人民中路、惠福西路等马路人行道。

1999年，解放中街并入光塔街，广州当时正实行“三年一中变”工程。1999—2001年，光塔街共整治防盗网6.85万平方米，清拆“两违”（违法用地、违法建设）建筑1.19万平方米，重点整治陶街、粤华街、学宫街、玉华坊、玛瑙巷、擢甲里、将军东电脑城、新解中电器城乱搭乱建、乱堆乱放、乱设摊点、乱拉乱挂、乱贴乱写乱画、乱扔乱吐的“六乱”现象。全街噪声源单位45个，达标43个。

2003年，解放中路成片旧城改造被列为广州市的试点项目。在老旧社区的改造项目中，光塔街改变过去以全面改造（拆除重建）为主的改造方式，确立了微改造策略，即以惠福西路为主线，对其沿线的老旧小区进行成片微改造。其目标可概括为“三改造一落实”。“三改造”即改造公共设施、改造老旧房屋、改造人居环境，主要包括改造“三线”、更换排水管、改造路面、整饰花池、铺设路缘石、改造自行车停车架、增设楼栋门及楼道扶手等；“一落实”指落实物管长效机制。对改造地段涉及的历史建筑群，以改造和保护活化并存为原则，尽力保住历史建筑的原貌，不轻易改动，通过对绿化设施、围墙、建筑外立面、公示栏的改造，营造出一个具有传统韵味的小区环境，留住历史记忆，使街道环境得到明显改善，群众的幸福指数不断提高。

七株榕“红绿竞开”景象（2019年） 光塔街道办事处 提供

自2016年起，怡乐里社区、和义巷社区、云台里社区、象牙北社区、五仙观周边等老旧小区，相继启动微改造项目。经过微改造后的老旧小区焕然一新，一改以往杂乱陈旧的面貌，让人眼前一亮，社区居民生活得更加舒心、安全。

名街保护

规划编制 2013年7月，越秀区人民政府聘请广州市城市规划勘测设计研究院编制《广州光塔民族文化风情街概念规划》（以下简称《概念规划》），分为两期建设。一期建设（2013—2016年）：主要完成整个项目的整体规划编制、立项申报及光塔街道业态调整与转型升级方案；整治光塔路、甜水巷、杏花巷、玛瑙巷以及社区环境；融入各民族文化符号，在怀圣寺东侧打造民俗文化广场一期项目等。二期建设（2013—2020年）：主要打造以怀圣寺为中心的多元文化展示区，包括整饰怀圣寺西侧的民俗文化园、南侧的民族文化广场二期以及建设民族文化风情街等。

2014年，广东省人民政府批准《广州历史文化名城保护规划》，确定了26片历史文化街区，五仙观—怀圣寺—六榕寺历史文化街区是其中之一。依据《历史文化名城名镇名村街区保护规划编制审批办法》及《广州市历史文化名城保护条例》等规定，编制街区保护利用规划，作为街区保护利用的管理依据。

规划实施 五仙观—怀圣寺—六榕寺历史文化街区，涵盖光塔街的海珠中路与海珠北路以东、解放中路以西、中山六路以南、光塔路以北地域及五仙观范围。2018年1月18日，广州市文物管理和历史文化名城保护委员会召开2018年第一次会议，审议通过该历史文化街区的保护利用规划。

分类保护 规划将街区内的6处不可移动文物（其中光塔街范围内的怀圣寺光塔、五仙观及岭南第一楼为全国重点文物保护单位）、8处历史建筑、84处不可移动遗产保护线索、27条传统街巷及骑楼街，以及五羊传说、粤语讲古等各级非物质文化遗产列为保护对象。采取“修缮、改善、整修、整治、改造”五类分级整治和保护措施：

修缮类（针对不可移动文物）。在使用和修缮过程中，严格按照相关法律、法规要求，保护好不可移动文物。

改善类（针对历史建筑）。保护临街立面及其他有价值的外立面、主体结构形式、有价值的平面布局、特色材料装饰和部位以及历史环境要素不得改变。

整修类（针对不可移动文化遗产保护线索）。对建筑外观加以维护修饰，鼓励对建筑内部的使用条件进行提升。

解放中路小公园（2019年） 光塔街道办事处 提供

整治类（针对与传统风貌协调的一般建筑）。鼓励对建筑内部使用条件进行提升，适合现代使用。

改造类（针对与传统风貌不协调的建筑）。按照保护规划关于建筑风貌的指引进行建筑外观维护修饰。

历史建筑、不可移动文化遗产保护线索等保护对象以修缮保护与活化利用为重点，与传统风貌不协调的建筑，采用小规模、渐进式的更新方式进行改善提升。规划强调对城市肌理整体性保护，保持传统街巷的空间尺度和风貌，改善公共服务设施，提升历史城区生活品质。

环境保护 20 世纪 30 年代，广州第一条绿化马路——惠福路，从光塔街范围横穿而过，成为广州城市建设的一个成功样板。1956 年，诗书街获广州市“一马当先，绿化全街”的称号。

1984 年，街道投资 8.5 万元，在诗书路、观绿路、乐安坊、妙高台、南濠街、七株榕、毕公巷、温良里等地段，建设“榕荫绿影”“红绿竞开”“劲松壁画”“狮山”“毕公乐园”“松荫绿翠”“诗妙亭”“金陵园”8 个园林小景。1988 年，街道拨款在毕公巷修

观绿路街心公园（2019年） 光塔街道办事处 提供

建园林小景。1989 年，诗书街成立园林绿化分会，在麻行街修建麻行乐园。

广州市绿色学校——广州市回民小学（2019年）
光塔街道办事处 提供

20 世纪 90 年代，街道逐步建立起烟尘、噪声的监督网络。1993 年，光塔街被评为广州市爱国卫生运动先进街；1993 年、1995 年被评为广州市环保先进单位。1999 年，诗书街投入 103 万元，美化绿化，配合管理，保持“园林式街道”称号。

2004 年，光塔街投资 100 万元，建设云台里、学宫街绿色小区。怡乐里社区被广州市评为绿色社区。2006 年，七株榕创建绿色社区工作通过越秀区环保局验收，被评为广州市平安和谐先进社区；枣子巷社区、福地巷社区被评为广州市文明社区，枣子巷社区

诗书路口袋公园（2019年） 光塔街道办事处 提供

被评为广州市绿色社区；枣子巷、七株榕、祝寿巷、福地巷、陶家巷5个社区全部通过市、区环境管理达标验收，其中枣子巷、祝寿巷、七株榕社区被评为优秀等级。诗书街被评为“2005—2006年度广州市卫生模范街区”。云台里社区通过省级绿色社区验收，杏花巷社区通过市级验收。回民小学被命名为广州市绿色学校。2007年，三元巷、迎虹里、白微、温良里等社区在环境整治达标社区验收中被评为优秀，七株榕社区被命名为市级绿色社区。2008年，枣子巷社区被命名为市级绿色社区。2009年，云台里社区被评为广州市第四批文明社区示范点，温良里、白薇、三元巷、福地巷、通宁道被评为区级绿色社区；诗书街被评为广州市一星级卫生街道。2012年，杏花巷社区通过“广东省绿色社区”评审。

2015年，光塔街推进“桶点变景点”，提升基础设施建设工作。投入资金60多万元，建设垃圾桶收纳点13个，购置高压清洗车和一批垃圾桶，完善人行道护栏11处，设置自行车临时停放点锁车栏100多处。推进垃圾分类“定时定点”投放，开展垃圾分类知识普及和宣传教育“进社区、进单位、进学校、进家庭”活动，创建垃圾分类机关团体示范单位9个、环境友好家庭1070个。实施社区“三清一灭五必进”（清积水、清垃圾、清卫生死角，灭蚊虫，进社区、进学校、进集团、进工地、进家庭），巡查整治公园绿地、施工场地、肉菜市场、下水管井沟、物业小区等蚊虫滋生地，有效防控成蚊密度。

2017 年开始，光塔街推进五仙观片区微改造工作，成立由相关专家、“两代表一委员”、辖区内各单位代表及居民代表组成的公共咨询委员会，制定相关制度。项目列入《广州市 2018 年城市更新年度计划（第一批）》，总投资超 1 亿元，分两期进行。一期工程以惠福西路（东段）为主线，对其沿线的和义巷、云台里、象牙北三个老旧社区进行微改造。二期工程以惠福西路、海珠中路、纸行路为主线，覆盖全街。主要改造内容包括：电表改造、变压器入房和供电管线整治等供电改造，对供水压力不足的楼宇进行的供水改造，通信管线整治、人行道升级，排水、排污设施改造和老旧城区改造。怡乐里社区微改造引入艺术力量，挖掘历史、文化、传统特色，充分结合社区居民实际需求，留下城市印记，提升居民对社区文化的认同。

2018 年，光塔街利用街道边角地、闲置地等小区域，推进口袋公园建设。口袋公园结合自然环境和本土文化设置绿化植被，拓宽人行道及活动空间，配置庭廊、座椅、健身步道等设施，满足市民群众在绿色空间中缓解疲劳和释放压力的需求。根据老城区环境规划建设小规模公共绿地，新增用地面积 1438 平方米的怀圣寺东侧民俗文化广场、用地面积 637 平方米的五仙观与南粤先贤馆北广场、用地面积 1411 平方米的五仙观与南粤先贤馆南广场。

经济发展

街道经济 20 世纪 90 年代开始，光塔街道经济发展迅猛，形成以电子元器件产品生产及销售为主，集百货、五金产品、机械产品、保健用品、水电装修、咨询服务和娱乐饮食为一体的工商业体系，企业营业额破亿元。街道企业的主要产品（包括金属家私和灯饰系列）70% 出口。2000 年后，街属企业全部转制，挂靠企业脱钩。2013 年后，光塔街辖内商贸、服务业经济逐渐成为推动全街经济增长的主力军。2018年，光塔街辖区内重点商务楼宇有15栋。其中，税收亿元楼宇3栋（捷泰广场、越秀新都会、新宝利大厦）；准亿元楼宇1栋（中旅商业城）。辖区内规模以上企业法人单位195家，其中批发零售企业87家，服务业企业76家，住宿餐饮企业16家，房地产企业6家，建筑业企业5家，固定资产企业5家。此外，R&D（科技创新指标和经济指标企业）企业5家。规模以上企业零售额统计指标完成22.08亿元，超额完成1.53亿元，完成率107.44%；新增规模以上企业数量指标完成19家，超额完成3家，完成率118.75%；营业收入超亿元企业数量指标完成2家，超额完成1家，完成率200%。

产业发展 民国时期，光塔街的商业大多属于前店后居的夫妻小店，以售卖日常生活用品（手工业制品）、粮食副食品、油盐酱醋、糖果烟酒、柴炭、咸杂、山货等为主，分布在中山六路、光孝路一带。四牌楼（今解放中路）是有名的故衣街，销售二手旧衣物。大德路是打铜打铁、售卖五金制品的专业街。纸行路有众多销售纸张的店铺。另外，还有不少走街串巷的挑担小贩，售卖蔬菜、木柴、甜品等货品。

中华人民共和国成立初期，经过公私合营和工商业改造后，街道经济以加工、修理、生活服务为主，开办制酱油、车缝、麻绳、纸盒、纱屎（油纱）等工厂，吸收生活有困难的居民参加，安置闲散劳力、进行生产自救。随着劳动服务站的成立，把闲散劳动力组织起来，吸收工厂、企业精简人员及从合作社退出的个体户为站员，个体户统一由街道劳动服务站管理，实行“四统一”（统一接任务、统一管理、统一财务核算、统一利润分配）。

20世纪70年代后期，街道工业的企业规模有所扩大，以生产合作组、合作社、工场、工厂等形式为主，拥有一定的机械设备，可以承接大工厂的零部件加工业务。街道商业则多属代销副食日用品、修理服务业等。

改革开放后，20世纪80年代，街道经济发展迅速，街道的工业公司、生活服务公司和劳动服务公司成立。工业公司下属工业企业，主要生产电子电器、不锈钢制品、装饰材料、纺织品、厨房设备、日用品、餐饮业产品、印刷器材、计算机等。供销渠道扩大至全国各地，并开始发展外贸企业。生活服务公司后改为商业贸易公司，下属企业以建筑业、商业为主。劳动服务公司则以商业为主，兼有工业和建筑业。

1996年，工业、商贸、劳动3家公司合并组建中华工贸总公司，直属企业转制重组，重点开发场所用以发展餐饮业、娱乐业及商贸业。1999年，将军东电器城连成片，形成社区电子电器专业街。2000 年，光塔街在越秀区率先成立米市电子电器行业商会，同年开发 4000 平方米场地，建成陶街电器商贸城、新解中电器商贸城，形成颇具规模的电子专业街。2004 年，诗书街成立越秀区眼镜商会。2015 年起，光塔街重点打造楼宇经济，建立骨干队伍，建立楼宇信息化综合服务管理系统，促进招商引资工作，定期走访重点企业，吸引高新技术企业入驻。2016 年 8 月，光塔街道商会成立。

特色企业 光塔街辖区内有世界 500 强企业下属子公司 4 家，分别是友邦保险有限公司广东分公司、辉瑞投资有限公司广州分公司、广州市庆德物业管理有限公司和平安普惠投资咨询有限公司广州中山六路分公司。有中国 500 强企业和广东省 500 强企业下属子公司 3 家。有上市企业或集团上市子公司 45 家。集团总部在光塔街的深圳市证券交易所上市企业及子公司有 13 家，其中广州日报社及其旗下子公司 7 家。有深圳中小板块上市公司 5 家、新三板上市公司 2 家，中国香港及外国上市企业 15 家。

街辖内的艳芳照相馆是广东省摄影行业中唯一一家“中华老字号”照相馆，1995 年 1 月 28 日，艳芳照相馆在光塔路新址复业经营；2000 年，再搬迁到朝天路 51 号。艳芳照相馆应用本馆研究出的旋转拍摄彩色长条相片技术，1998 年在中山纪念堂为第九届广东省人民代表大会近千名代表、第九届广东省人民政治协商会议近千名委员拍摄大型彩色长条相片，1998 年 5 月又为中共广东省第八次党代表大会近千名代表拍摄彩色大型长条相片。开创了广东彩色长条照片 1∶1 印制的技术先河。

随着时代发展，多个行业的龙头企业成为光塔街的经济支柱，支持和推动区域经济发展。其中，广州日报社及旗下子公司是新闻传媒行业龙头企业；广州智能装备产业集团有限公司及旗下 8 家子公司是高端装备行业龙头企业；友邦保险有限公司广东分公司、美心食品（广州）有限公司、辉瑞投资有限公司广州分公司、松下电器（中国）有限公司广州空调分公司、威富（上海）采购咨询有限公司广州分公司是光塔街金融保险、食品批发零售、制药、电器、服装批发零售等行业的龙头企业；广州市城宝房地产发展有限公司则是光塔街最大的房地产企业。此外，光塔街引入广州越秀区泰成养老院有限公司项目，丰富区域经济的产业结构，实现产业多元化发展。

工业老店

光塔街的工业，兴起于民国时期，大型老企业有岭南饼干厂、广东电器制造厂、新民敷料厂、星群制药厂、亚洲汽水厂、珠光灯泡厂、“王老吉”分厂等，还有许多作坊式的小型工厂。生产毛线衣、汗衫、袜子、围巾、毛巾等纺织品的工厂，分布在人民中路、海珠中路、诗书路、大德路拐脚楼和毕公巷；生产鞋子的工厂分布在大德路和南濠街；电器工厂分布在大德路和毕公巷；医药业的工厂分布于人民中路、观绿路、大德路；生产文具、铜铁铅锡制品、土枧苏打、玻璃、印刷、漂染等工厂，分布于大德路、七株榕、毕公巷、拐脚楼、诗书路、惠福西路、海珠中路一带。

岭南饼干厂 以生产“岭南牌”饼干著称，总厂位于解放北路与中山六路交界处。1963年，该厂研制出全国第一条隧道式电热长炉，代表了当时全国饼干生产的最高技术。1983年至1990年，该厂生产的饼干先后获国家银质奖、“羊城杯”质量奖、第二届香港国际食品博览会金奖、广东省“四新”产品一等奖和部优产品等称号。1990年成为国家二级企业，是华南地区最大的饼干厂。1991年4月，岭南饼干厂与香港远东集团合资组建“广州积士佳食品有限公司”。20世纪90年代末，与亚洲汽水厂、广州乳制品厂一起并入广州糖果厂，组建广州市华大食品有限公司。

广东电器制造厂 于1923年由商人文楚在纸行路开办，主营手电筒，兼营电风扇、灭火枪等。1996年，广州市电筒工业公司出资组建广州虎辉集团有限公司，专门生产虎头牌手电筒。虎头牌手电筒被国务院经济发展研究中心授予“中华之最”称号。2009年，广州市电筒工业公司被认定为广东省2009年第一批高新技术企业，虎头牌电筒被认定为中国驰名商标。2010年8月，公司获“中华老字号”称号。

新民敷料厂 由从日本东京工业大学留学归来的陆顺天创办，于1923年9月23日在光塔路仙邻巷开业，是华南地区第一家敷料生产企业，生产出华南地区第一个敷料品牌——“光塔牌”医用棉花。1963年12月，新民敷料厂和新华敷料厂合并组建公私合营新华卫生材料厂，厂址迁至越秀北路。1966年9月5日，新华卫生材料厂改名为广州卫生材料厂，是华南地区第一家生产综合性卫生材料的国营企业。脱脂棉、消炎镇痛膏、“701”跌打镇痛药膏、医用橡皮膏4个产品获广东省、广州市优质产品称号，1998年，“701”跌打镇痛药膏获国家中药保护品种证书。

星群制药厂 前身为广州星群中药提炼厂，成立于1950年3月，是中国第一家中药提炼厂，1950年下半年迁至光塔路仙邻巷。1969年，星群中药提炼厂与健群药厂合并为第四制药厂。1970年，研制出中国第一粒治疗血管硬化药品“脉通”，由化工部拨款100万元，把原光华药厂移交给第四制药厂，筹建全国第一座专业胶丸生产车间。1980年4月，第四制药厂更名为星群制药厂。2006年，被商务部评定为全国首批中华老字号企业；同年，该厂支柱产品之一的夏桑菊成功申报“国家级非物质文化遗产”；

2010 年，被广州老字号协会认定为“广州老字号”；2013 年，被广州老字号协会认定为“广东老字号”企业。

广州亚洲汽水厂 于 1946 年 2 月在大德街 80 号开业。投产第一年就生产汽水 200 多万瓶，迅速占领广州市场。1949 年，迁到大德路 298 号，年产量提升到 500 多万瓶，是广州市场上唯一的甲级汽水，并开拓新加坡市场，成为当时中国唯一打入国际市场的汽水品牌。1968 年年底，广东饮料厂的汽水车间并入亚洲汽水厂，亚洲汽水厂成为广州市唯一的汽水厂。亚洲汽水厂共有 20 多个品种，先后获得国家、部、省、市优质产品称号，名优产品数量居全国同行业之冠。1987 年 11 月，亚洲饮料集团公司成立。1996 年集团迁至广州经济技术开发区西区。

珠光灯泡厂 由原在香港九龙经营灯泡厂的广州花都炭步人汤炽生和广东佛山人罗泽浦创办，1942 年在惠福西路开业，是广州第一间灯泡厂，生产“雄鸡牌”电灯泡。抗日战争胜利后，珠光灯泡厂生意进入黄金时期，汤炽生在诗书路买地兴建新厂房，并从美国进口一批先进设备和钨丝、钼丝、杜美丝等原材料，大大提高产品的产量和质量。产品由自销发展为由客商定货，灯泡日产量最高达 1400 只，除供应广州市外，还销往台湾地区。1950 年 5 月，珠光灯泡厂因意外失火，厂房被烧毁，珠光灯泡厂不复存在。

王老吉分店 于 1946 年在海珠中路开设分店。1949 年以后，王老吉凉茶产量上升，1950 年达到 180 万包，还增加“王老吉袖珍凉茶”及“王老吉凉茶粉”两个系列品种，远销东南亚。1956 年，工商业进行社会主义改造，多家企业并入王老吉，组成“王老吉联合制药厂”，迁至广州十三行路故衣街继续生产。王老吉分店在海珠中路虽然只开设了 10 年，却为日后发展奠定了基础。

知名餐饮

光塔街历来是多民族聚居地，至 2018 年，定居辖区内的少数民族有 25 个，赋予光塔街与众不同的民族风情，餐饮文化也愈加丰富，对应兴起各式餐饮店，有回民饭店、西园酒家、菜根香素食馆等知名餐饮店，也有街头小巷的美食小摊档。

回民饭店 原名“清真食堂”。由于怀圣寺周边是广州最多回民居住的地区，因此选址在中山六路 325 号。1956 年 5 月 11 日开业，参加在广州酒家举办的广州市第一届名菜美点展览，成为第一届中国出口商品交易会的接待饭店。1994 年 1 月 28 日改名“广州市五羊回民饭店”，成为广州市第一家穗港合作经营的清真饭店。2000 年 5 月 31 日，

回民饭店（2019年）　光塔街道办事处　提供

20世纪80年代的菜根香素食馆（2019年）　叶曙明　提供

穗港合作终止。同年 9 月 26 日，回民饭店复业。该店以经营清真食品为主，菜肴体现出嫩、香、脆、浓的特点。该店的香浓牛杂煲、沙嗲牛肉串等，曾获广州美食节 1987 年、1988 年优秀品种奖。

西园酒家　位于惠爱西路（今中山六路）与六榕路交会处，1921 年开业，是广州四大园林酒家（文园、西园、南园、谟觞）之一。1927 年，西园酒家由陈福畴接手。由于靠近六榕寺，陈福畴为西园酒家设计了招牌菜——鼎湖上素。20 世纪 90 年代，由于地铁 1 号线兴建和中山路改造，西园酒家停业。

菜根香素菜馆　位于惠爱西路（今中山六路），取佛偈“心安茅屋稳，性定菜根香”之意。店内有一副长联：

“菜本清凉，妙在制裁，添酱辣与调和，能开胃适口，利血生肌，行脉坚肤，清暑除烦，养颜色，长精神而益寿，传来于佛学，为安性命，遵法门，莫过晨光朝素食，久闻粤海无双美。

根原甘淡，善于烹度，用盐梅同配合，最固齿充肠，壮筋活络，走经通脾，散寒解闷，艳秀容，强康健以延年，效验习斯民，乃保福禄，循正轨，难忘日逐照常餐，独称广州第一香。”

该馆占地面积 200 平方米，共 3 层楼，砖木结构，一楼、二楼营业，三楼点心部，兼作职工宿舍。店内的装饰如同佛堂，四壁悬挂名流居士的字画，清虚雅致，古风盎然。1956 年 3 月，广东省举行名菜展览，菜根香选出 15 款素菜参展，其中鼎湖上素、北菇生筋、五彩软筋、罗汉大斋、杏圆嫩雪耳、酿扒竹笋、红烧北菇、六宝拼盘、香露芥菜、石耳云吞汤（石耳川云吞）10款被列入中国名菜谱。1986年，新加坡佛教协会会长宏船大师参观六榕寺，品尝菜根香烹制的燕窝粥时赞不绝口。1983年，日本银座酒楼派厨师团到菜根香学习素菜制法。由于市场变化，2004年10月27日，菜根香素食馆停业。

商业广场

光塔街自古便是商贸集散地，随着时代变更，光塔街的商业特点也不断发展。在保留商业市井化特色的同时，与时俱进发展商务楼宇，开拓商业广场，诸如中旅商业城、百汇广场、中六电脑城、颐高数码广场等，为传统商业老街注入新的生机活力。

中旅商业城 坐落在中山五路217～255号，与解放中路交会，于2000年元旦落成。该建筑沿街设双层商业骑楼，以保持中山路传统骑楼街的风貌；建筑上下两段采用意大利文艺复兴时期柱廊和立面形式；现代风格的中段采用花岗岩板与香槟色反射式玻璃组合幕墙，形成“古典—现代—古典”的独特造型风格。香港百佳超级市场率先进驻，成为百佳在广州开设的第一家生鲜超市。首次尝试将菜市场的鲜活产品引进超市售卖，提供“一站式”购物服务。2016年百佳超市撤场后，改为五金电器城，打造成集手机通信、手机配件、数码产品、信息技术产品、电器音响等商品于一体的综合型电子电器专业市场。

中六电脑城 位于中山六路190号，于1998年1月开业。中六电脑城地处西门口的交通枢纽地段，有众多公共汽车线路经过，地铁1号线开通后，交通更加便利，受到

中旅商业城（2019年） 光塔街道办事处 提供

中六电脑城（2019年） 光塔街道办事处 提供

百汇广场（2019年）　光塔街道办事处　提供

越秀新都会大厦（2019年）　光塔街道办事处　提供

广州越秀区、荔湾区消费者的欢迎，很快成为广州西部最大的电脑市场之一。广州的电脑城通常都在下午6时收市，但中六电脑城独树一帜，每天经营到晚上9时。中六电脑城主要经销电脑配件、笔记本电脑、台式电脑、液晶显示器、手机、数码相机、数码摄像机等信息技术产品，电脑耗材种类齐全。

百汇广场　位于中山五路193～215号，1999年落成，占地2400多平方米，建筑面积3.6万平方米。百汇广场地理位置优越，是地铁1号线、2号线换乘站的上盖物业，处于北京路商业圈之中，东邻北京路，俯瞰传统中轴线广州起义路，北临中山五路和人民公园、动漫星城，南望西湖路，西邻中旅商业城，属广州的商业中心地段。

颐高数码广场西门口店　是颐高数码连锁店的一家分店，位于中山六路越秀新都会大厦，2007年3月24日开业。处于地铁1号线西门口站上盖，西傍人民北路，南临中山六路，东邻中六电脑城，交通方便，人流畅旺，主要销售数码产品，包括电脑配件、笔记本电脑、平板电脑、品牌机、手机、数码相机、办公耗材等。2017年12月停业。

专业市场

光塔街的商业带有浓厚的平民色彩，针头线脑、小百货、小五金等商品在这里都能找到，五花八门、价廉物美，尤其适合平民百姓消费，平民化逛街购物模式是光塔街的一大特色。光塔街在保留这种特色的同时，进一步升级改造，优化营商环境，形成一批专业街及专业市场，如惠福新街市、陶街电子电器城、眼镜专业市场、纵原邮币卡收藏品市场等。

惠福肉菜市场　是建于20世纪50年代的老字号国营肉菜市场，位于惠福西路367号，面积近2000平方米。1974年，惠福市场按规划拆建，1978年新建筑落成。其后10年间，市场数次变化，甚至曾改变用途转为经营装饰材料。1997年4月，广州市政府要求全面恢复惠福市场功能。同月，场内非肉菜类点档全部迁出。市场公司与私人营商公司签订合同8年，租赁经营“惠福新街市”；12月8日正式开业。2007年12月，越秀国有资产经营有限公司拍卖惠福、东堤、东园、农林、东山5家肉菜市场，这是广州肉菜市场首次以拍卖形式出售给私人经营。转手后的惠福新街市，保持原有的肉菜市场功能不变，经营品种繁多、购物环境舒适，极大地方便了附近居民的生活。

惠福新街市（2019年）　　光塔街道办事处　提供

陶街　位于光塔街东部，东西走向，连接解放中路与朝天路，是一条有几百年历史的老街。20世纪90年代初，在陶街逐渐形成音响器材、电子产品的二手市场，并且不断发展壮大，向周边地段扩展。1998年，商邦置业发展有限公司承租广州地铁公司用地，建起将军东电器城；2004年，广州市富宇电子科技有限公司承租富都大厦，把负1层至5层发展为新陶街电子电器商城；2008年，原和润旧货电器市场重新装修，改建为誉隆电子数码城。由此形成以陶街为中心的四大电子旧货市场。全盛时期，陶街二手电子市场每天汇聚成千上万来自世界各地的“淘宝者”。陶街甚至被誉为广州的一张“城市名片”。2014年，因消防安全隐患问题，新陶街电子电器商城被列为广州市和越秀区消防安全重点整治单位，越秀区富都大厦整治工作小组进驻，组织13个职能部门联合执法。历时半年，完成富都大厦新陶街消防安全整治工作，整治清退租户600多户，清退租金、押金400多万元。由于广州市地铁公司收回地块进行建设，将军东电器城于2015年停业，誉隆电子数码城于2016年停业搬迁。

老照片——清代将军府大门（今中山六路将军东电器城）　光塔街道办事处　提供

陶街电器城（2019年）
光塔街道办事处　提供

将军东电器城（2019年）　光塔街道办事处　提供

广州眼镜城　位于人民中路260号，1998年9月开业，是一幢6层商业大楼，每层面积超过1000平方米。吸引众多国内眼镜商及新加坡的厂家进场经营，镜架、镜片、配件、机械设备、装饰设备销售及验光配镜、加工等一应俱全，经销国内外名牌产品500多个、种类5000多个。2000年以后，在人民中路的东侧，逐渐形成一个庞大的眼镜专业市场。以广州眼镜城为主辐射周边，形成的人民中路眼镜批发集散地，成为全国著名眼镜批发集散地之一。庞大的销售网，辐射全国乃至东南亚各国。商家可通过广州眼镜城，把眼镜产品打进国内市场，也可在此采购产品销往海外市场。自2012年创办的广州国际眼镜展览会，吸引了来自国内和海外20多个国家和地区的上千家企业参展。专业观众、采购团人数逐年递增，展会影响力与日俱增，成为华南地区极具影响力的国际性眼镜行业盛会。

广州市纵原邮币卡市场　位于海珠中路288号，1997年开业，主营邮票、钱币、磁卡及各种藏品，是一个邮票、古钱币、银圆、古玩、磁卡、字画、古旧书刊、古旧杂件的专营区域。是全国主要邮币卡交易市场之一。该市场开办有“纵原收藏网”，是一家以人民币收藏投资理财为主，还包括邮票、古币、银圆、红木、玉器等收藏的专业网站。广州市纵原邮币卡收藏品市场参与全国性的交流活动，为各地藏友提供选择空间及学习交流机会。2018年5月，该市场承办首届全国钱币交流会，吸引了来自全国多家钱币机构与经销商，交流会受到各方的好评。

广州眼镜城（2019年）　光塔街道办事处　提供

广州市纵原邮币卡收藏品市场（2019年）
光塔街道办事处　提供

社会事业

社区管理 光塔街注重综治管理及社区治理工作，在全街设置治安岗、报警点、报警亭等；扩大技防覆盖面，在复杂地段安装电子监视器，实行24小时治安监控；在技防的同时，也注重调配人力，组建志愿者队伍为社区服务。1993年，诗书街被中共广东省委、省政府，中共广州市委、广州市人民政府评为“社会治安综合治理先进单位”。1994年、1996年，光塔街被评为“广州市综治先进单位”。1996—1997年，解放中街粤华小区、云台小区、纪纲小区、南朝小区先后被命名为“广州市安全文明小区”。1997年，七株榕、人民中社区被命名为“广州市安全文明小区”。1999年，诗书街组织的巾帼志愿者、巾帼家庭志愿者两支队伍被评为越秀区“巾帼志愿者优秀队伍”。2004年，在人民中路建设“商铺治安协管员”队伍，在七株榕社区建立“离退休党员义务巡逻队”，在温良里社区组建广州市第一支由退休妇女义务执勤的队伍——“巾帼护卫队”，

2012年6月，光塔街道被评为“全国民族团结进步创建活动示范街道”
光塔街道办事处 提供

光塔街迎新春书画进社区活动（2013年）　　光塔街道办事处　提供

义务参与社区值班巡逻和学校周边环境管理，化解社区矛盾，形成人人关心社区安宁的良好氛围。

从 2005 年开始，光塔街强化出租屋管理，完善街道出租屋管理领导小组、出租屋管理服务中心、出租屋协管员三级管理系统。制定《光塔街出租屋管理试行办法》《光塔街出租屋综合执法联席会议制度》《光塔街出租屋量化工作奖励办法》等 10 多项制度，确保出租屋管理的制度化、规范化，坚持每天 1 次小范围巡查、每周多次抽查、每月 1 次大范围清查。光塔街成立家庭综合服务中心，面积达 1000 平方米，设有青少年活动室、多功能室、小组室、个案室等服务功能室，以共建、共融、共享光塔文化社区为愿景，鼓励和推动光塔街居民以集体行动来处理社区生活议题，共同解决问题。光塔街打造民族团结品牌，建立少数民族流动人员综合服务中心、光塔街长者综合服务中心、光塔街便民服务站、光塔少数民族法律援助工作站、光塔街社区戒毒社区康复工作站、穆斯林义工队、光塔爱心队等组织机构，为居民提供各种服务，同时注重整合资源，带动辖区内的单位企业及个人参与志愿服务，让更多的社区居民关注社区，实现社区互助。

2009 年，光塔街获“广东省民族团结进步模范集体”称号。2011 年，《信息时报》

《寻找最幸福社区》栏目专题报道温良里、三元巷社区，七株榕社区获“广州市民族团结进步模范社区”称号，观绿社区获“广州市文明社区”称号，杏花巷社区获“广州市民族团结进步模范社区”“广东省民族团结进步模范社区”称号。2011 年，为传承非物质文化遗产——广东民间传统曲艺形式“龙舟说唱”，温良里社区建立广州市首个“龙舟说唱亭”，定期开展活动。2012 年，光塔街获“全国民族团结进步创建活动示范街道”称号，杏花巷社区和七株榕社区获“广东省民族团结进步模范社区”称号。2014 年，光塔街被国务院授予“全国民族团结进步模范集体”称号。光塔街民族团结进步模范社区创建项目，被广东省民族事务委员会选定为社会创新观察共建项目。

光塔街地处越秀区中心老城区，属历史文化古旧街区。辖区内有众多旧楼宇，楼宇产权复杂，多数楼宇都没有专门的物业管理机构，当出现供水不足、排污管道堵塞等公共问题时，缺乏专职人员牵头解决，影响居民生活。光塔街以实行社区居民自治为基本思路，构建以社区居民委员会为指导，社区简易物业管理自治小组、社区多层次议事会为主体，以民生实事为载体的社区自治体系。光塔街多民族社区综合管理一站式服务平台项目被确定为越秀区 2013 年社会创新项目。社区自治工作主体由长久居住在社区内、在居民群众中有一定声望的热心居民代表组成，首先在没有专业物管的老旧楼宇和片区（大院）内开展，组建简易物业管理自治小组、楼宇（片区）议事会。自治小组最初功能定位为填补物业管理缺位，优先解决眼前困扰居民生活的问题，随着居民的认可，逐步参与更高层次的自治内容，包括社区文化建设、守望相助的邻里关系重构等，成为政府基层治理的有效组成部分。

至 2018 年，光塔街 16 个社区共成立 20 个简易物业管理自治小组，并制定《简易物业管理自治小组工作制度》。楼宇、片区和社区议事会则分别制定议事会制度，填补了无物业管理工作中的空白。各社区共成立 16 个多层次议事会，负责协调解决涉及社区公共服务以及群众反映强烈的难点、热点问题；成立片区议事会 81 个，负责各片区内的问题协商；结合社区内原有的简易物业自治小组，成立楼宇议事会 234 个，以楼栋为单位，协商处理楼宇内部事务。

光塔街在推动居民自治工作的基础上，多方发动群众参与，创新活动模式，居民互动发掘社区能人，邻里参与增进社区情谊。鼓励各社区根据自身的资源和实际情况，开展“一社区一特色”的居民自治项目，包括老年服务、文化服务、民族特色服务、青少年服务、环境卫生、社区安全自治管理等多个居民自治项目，逐步形成居民自我管理、自我教育、自我服务的创新管理模式。

电子政府　光塔街推进电子政府建设，在全街机关群团单位推行办公网络化，2010年实现全面覆盖。2017年9月20日，光塔街政务服务中心建立，通过构建集政务受理、便民服务、信息公开和效能监察为一体的政务服务平台，为企业提供“一站式”和“一条龙”服务。光塔街政务服务中心位于光塔路21号，服务大厅面积约400平方米，主要设有民政、社保、退管、计生、残疾等10个服务窗口，通过搭建“区—街—社区”三级政务服务网络，为居民提供服务。光塔街结合街道内民族成分较多的特点，专门建立少数民族政务服务平台，开设少数民族居民服务窗口及流动人员综合管理信息窗口，设立少数民族群众服务热线、社区服务网站，为少数民族居民提供高效便捷政务服务。2018年，光塔街政务服务中心办理业务5.57万件，受理越秀区“一窗式综合受理系统”的业务3.18万件。2018年，集成服务工作改革推进得94分，在越秀区位列第六名。

“微社区e家通越秀光塔”微信公众号界面（2019年）

光塔街政务服务中心（2019年）
光塔街道办事处　提供

光塔街社区政务服务中心工作情况（2019年）
光塔街道办事处　提供

2016 年 9 月 26 日，“微社区 e 家通越秀光塔”微信公众号开通。该公众号由信息时报社、光塔街联合推出，致力于打造光塔街本地权威的综合资讯平台，做到扎根社区，深耕社区，服务社区。开设“生活助手”“本周调查”及“关注光塔”三大功能项目，功能项目下设功能子项目。其中，“生活助手”下设子项目：违章查询、“越”健康、网上办事、善行越秀、有求必应；“关注光塔”下设子项目：光塔街志、微社区越秀，平台资讯涵盖居民生活、健康、文化、办事等方面。

文化教育

教育机构　光塔街的文化教育在历史上源远流长，基础深厚。早在唐代就在蕃坊设立蕃学，专门接收蕃商子弟入读。南宋嘉定二年（1209），创办南海县学，设于学宫街一带，为南海县最高学府。清同治年间（1862—1874），广州第一所外国语学校——广州同文馆在朝天路创办，培养大批外语、外交专业人才。民国时期，广东国民大学分校及广东国民大学附属中学设于惠西路，广东中医药学社设于麻行街，私立妇孺产科学校设于官禄路（今观绿路），如是美术学校设于光塔路，辖内还有多间小学和民众学校（平民夜校）。

2018 年光塔街辖区内有广州市贸易职业高级中学、广东华侨中学、朝天小学等中小学校、职业中学 12 所以及托幼机构 10 所（5 所公立，5 所私立）。其中，广东华侨中学是广东省一级学校，朝天小学前身是清同治三年（1864）建立的广州同文馆。中华人民共和国成立后，朝天小学被定为市、区重点小学，1995 年被评为广州市首批广东省一级学校。该校先后获全国少年儿童工作先进单位、全国少先队红旗大队、广东省优秀党支部、广州市普教先进单位等称号，是越秀区也是广州市对外接待的“窗口”学校。

七株榕小学（2019年）　光塔街道办事处　提供

朝天小学（2019年）　光塔街道办事处　提供

光塔街文化站（2019年）　光塔街道办事处　提供

广府状元微型博物馆举办状元府传统文化公益讲座（2019年）　光塔街道办事处　提供

文化设施　为响应1964年中共中南局第一书记陶铸指示，1965年，广州市从街道劳动服务站上缴的管理费中拨给每个行政街道3万元用于建设街道文化站。光塔街文化站设于朝天路57号，2000年被评为广东省一级文化站。解放中街文化站设于云台里26号，1993年被文化部授予“标准文化站”称号。纸行街文化站设于光塔路192号。诗书街文化站设于诗书路122号，2000年被评为广东省特级文化站。2004年，诗书街与广州日报社、广州市电影演出公司在观绿社区建“诗书人家”文化广场。

光塔街、解放中街、纸行街、诗书街合并为光塔街后，文化站设于诗书路112号四楼。

光塔街注重文化建设，建有民族民俗文化中心、民族民俗文化长廊、三元文体小广场、观绿文体小广场等文化设施，供市民进行休闲、娱乐、健身活动和开展各项宣传活动。2012年11月22日，伦文叙纪念广场于中山六路揭幕，同时揭幕的还有广府状元微型博物馆和南粤文化艺术推广中心。博物馆收藏有伦文叙故乡佛山黎涌村、佛山博物馆、城市博物馆赠送的珍贵图片，主要介绍广府状元的生平故事。

光塔街设有4所街道图书馆：光塔街文化站图书馆、光塔街民族民俗文化中心图书室、孝友东社区图书室和越秀区图书馆光塔分馆，供居民读书、看报和开展远程教育。其中，光塔街民族民俗文化中心图书室藏书1200册，不定期举行道德讲堂、满语学习班等文化活动，是少数民族居民休闲、娱乐、阅读的好去处。越秀区图书馆光塔分馆位于中山五路186号，面积560平方米，馆藏图书2万册（件），其中英文图书300册，是广东省首个收藏有英文文献的街道公共图书馆。该馆根植光塔街街道文化特色，设立民族文化特色馆藏专区，提供特色阅览服务，传承社区本土文化基因。

越秀区图书馆光塔分馆公共电子阅览室（2019年） 光塔街道办事处 提供

在光塔街辖区内，还有广州起义纪念馆（广州起义路200号之一）、越秀区博物馆和南粤先贤馆（惠福西路233号）、民族民俗文化博物馆（进步里35号1楼）、广州市回族历史文化研究会（光塔路56号）、满族历史文化研究会和广州满族文化陈列馆（海珠中路123号）等文博设施。

文化活动 光塔街文化站每年均举办各种群众文化欢庆活动，包括迎春花会、迎春文化表演、书画展、盆景展、花卉展等，还举办各种敬老活动。2011年，光塔街被广州市民族宗教事务局作为模范街道召开民族团结工作现场会。民族文化活动中心共接待兄弟省、市、区的各类参观考察团23次、参观人员6000多人次，先后被省、市各大新闻媒体报道宣传，为广府文化注入新内涵。

组建文艺团队。光塔街有光塔地区文化协会、穗花粤剧团、少儿艺术团、老人交谊舞协会、家教协会等文艺团体。1998年，诗书街文化站组建红叶剧社、小草艺术团、书画协会、集邮协会、少年艺术团、家庭教育促进会等文体队伍，每年组织开展各类群众性文体活动。1999年，光塔地区少数民族艺术团成立，多次举办少数民族文艺会演和家庭文化系列讲座。2004年，诗书街辖地区文学艺术界联合会成立。2005年10月24日、25日，由广东省政协、广东省文联联合举办的“四洲杯”粤港澳粤曲演唱大赛广州赛区比赛，在诗书街文化站举行。2008年，光塔街墨趣书画联谊会、光塔地区少数民族艺术团、穗花粤剧团等11支业余文化团体坚持开展活动。为丰富居民的文化生活，光塔街

迎国庆贺中秋晚会在惠福西路五仙观文化广场举行（2016年） 光塔街道办事处 提供

还组建街道民族歌舞队、民族合唱团、志愿者管乐团、国标舞团、木兰健身队、回民武术队等各类特色文化艺术团队。全面推行“一社区一品牌”社区文化服务模式，以团队为载体，丰富社区文化生活，凝聚居民群众，服务社区。结合环境整治工程，在进步里建设少数民族民俗文化长廊，组织少数民族美食大赛、民俗文化展览、民族武术等少数民族社区特色活动。2018年，光塔街文化站举行文化活动40多次，举办培训讲座70场，开展展览、书画雅集68次，参加人数15900多人次。街道还举办了少数民族小食烹饪大赛、民族文化活动周、民族文化艺术节、周末歌咏会、民族书画展等一系列民族文化活动。街道辖内的广州市回族历史文化研究会结合回族群体的特点，组建“回族老人之家”“回族妇女之家”“回族青年工作组”“回族艺术团”等，定期开展时事政策讲座、敬老活动、妇女活动、中老年人健康知识讲座、青少年夏令营等活动。其中，回族艺术团是继承20世纪50年代“回族青年业余歌舞团”的传统，再结合本地回族特色建立起来的业余歌舞艺术团。该艺术团立足民族特色，坚持独立创作，自编、自导、自演回族特色歌舞，主要作品包括《十四晚的月亮》《金色的汤瓶》《说一声塞拉姆》《粤曲——歌唱怀圣清真寺》等。

建设伦文叙纪念广场。伦文叙纪念广场揭幕仪式暨广府状元文化节开幕式于2010年12月1日举行。该广场面积约500平方米，以广府本土历史人文底蕴为主要风格。光塔街利用伦文叙纪念广场，长期开展象棋、粤语讲古、古乐器培训活动。专门开

广府状元微型博物馆举办文化进社区活动（2019年） 光塔街道办事处 提供

设“光塔状元讲古坛”，从2011年开始，逢星期四下午在伦文叙广场开讲，延续不断。2018年共举办粤语讲古50场，约有4000人次参加，形成一个固定的观众群。街道还开设光塔讲古微信平台，利用互联网宣传街道精神文明建设、传承广府文化。以民族民俗文化中心和伦文叙纪念广场为平台，重点打造“广府状元文化”“民族民俗文化节”和“光塔街国学培训基地”特色文化工程。组织开展家庭—社区—学校“三位一体”的社区教育活动，举办摄影、讲古、古琴艺术培训班及少年才艺大赛、广府状元英语口语大赛、广府小状元书画夏令营等活动。

文艺“双结对”。2018年，光塔街与越秀区民间文艺家协会、越秀区音乐家协会进行文艺“双结对”，就民族民俗文化、管乐、民乐培训活动等方面开展结对活动，发挥结对协会人才优势，整合街道文艺资源，共同促进街道基层文化建设和繁荣。双方通过文化设施共享、文艺团队联建、文艺活动联欢等形式，定期在社区举办各类文艺展览、文艺演出、文艺讲座等活动，全年举办活动30多场次，参与人数2000多人次，不断提升社区文化生活吸引力，提升文艺惠民服务水平，共同营造祥和文化氛围。

文化研究 光塔街民族成分较多，少数民族人口中以回族和满族居多，这两个少数民族在广州的历史源远流长。为加深文化研究，成立广州市回族历史文化研究会和广州市满族历史文化研究会，会址均设在光塔街内。

广州市回族历史文化研究会、广州市伊斯兰教协会会址（2019年）　　光塔街道办事处　提供

广州市回族历史文化研究会成立于2004年，会址设在光塔路56号怀圣寺。该会与广州市伊斯兰教协会及其他学术研究机构共同开展研究活动，编辑出版《广州市回族伊斯兰教文史研究资料汇编》四辑；收集《两粤萨氏宗谱》，为广州一直有着唐宋“蕃客”后裔生活提供新的证据；2008年3月在怀圣寺发掘到一方700多年前的阿拉伯文古碑，为广州现存最早的阿拉伯文石碑；2008年5月，接受香港族胞捐赠“大明宣德”铜香炉；发掘出10多首北宋以来历代文人墨客题咏广州怀圣光塔及先贤古墓的诗词遗作，其中元代吕诚《番禺漫兴诗》、明代陈谟《藩塔诗》及清代吴应逵《藩塔》、杭世骏《游五仙观望怀圣寺》、胡鹤《怀圣光塔》等古诗都是首次发现。

广州市满族历史文化研究会会址设在海珠中路123号妙吉祥室。广州市满族历史文化研究会前身是广州市满族联谊会，成立于1984年9月，2001年11月更为现名。该会是由广州市满族人民群众及专家学者自愿组成、并经广州市人民政府有关部门核准注册登记、具有法人资格的非营利性的社会团体，有登记会员2200多人。广州市满族历史文化研究会（以下简称广州满研会）对广州满族历史文化和现实状况开展研究。收集整理满族古籍，撰写满族在粤历史，组织召开满族文化研讨会，开展学术交流活动，收集整理广州满族民间歌谣、故事及民间武术资料等，参与街道和社区民族文化建设。2011年，设立民族阅览室。广州满研会是广州满族同胞之家，同时也对有志于研究广州满族

广州满族文化历史研究会会址（2019年）　　光塔街道办事处　提供

历史文化的专家学者开放，与国内其他省市的满族团体开展“三交”（交往、交流、交融）活动，扩大研究会在民族学术界的影响。2016 年，广州满族历史文化研究会作为主办方在广州市举办全国满族会长高峰论坛，利用满族社团“地缘、族缘、血缘”优势，加强与海外满族同胞及东北满族同胞的沟通联系，被评为“广州市民族团结进步先进集体”。

医疗卫生

医疗卫生体系建立　光塔街现代医疗卫生体系的建立，起源于清末民初。清光绪三十四年（1908），医师谢爱琼在惠福西路创办妇孺医院。1924 年，中医药界合力在大德路创办广东中医药专门学校，是当时华南地区颇具规模的中医药学校。1929 年，共有 4 家医院在今光塔街辖内建立，包括学宫街的陆军总医院、官禄路（今观绿路）由美国医师达保罗创办的达保罗医院、光孝路由医师王德光创办德光医院、维新路（今广州起义路）由医师谭大同创办的大同医院。1933 年 9 月在中医药专门学校对面创办广东中医院；1934 年医师陈伟民在丰宁路（今人民中路）创办福宁医院；1946 年在惠福西路创办广州中央医院，在西瓜园创办广州市公安医院；1947 年在纸行路创办永康产科医院等。

1946年广州中央医院开业时全院人员合影　　光塔街道办事处　提供

光塔街聚集着众多具有中医、妇儿特色的医疗机构。延至今天，光塔街辖区范围内，以广东省人民医院（惠福院区）、广州市妇女儿童医疗中心（妇婴院区、儿童院区）为中心，毗邻还有广东省中医院等三级甲等医院，与光塔街社区卫生服务中心（越秀区中医医院南院），共同构成丰富的优质医疗卫生体系。

中医药文化发展传承　光塔街的中医药文化源远流长，根基深厚。随着现代中医药教育体系的逐步建立，传统中医药行业通过正规学校培育新人，发展得更快。1924 年中医药界合力在大德路创办的广东中医药专门学校，以“习中医以存中药，由中医以通西医”为教育宗旨，是当时华南地区颇具规模的中医药学校。1933 年 9 月，在广东中医药专门学校对面，广东中医院创办。1956 年在该校基础上组建广州中医院学院（现广州中医药大学）。自该校成立以来，培养了大批中医人才，遍布我国及东南亚地区。1958 年，定名为广东省中医院；1992 年，被评为全国第一批三级甲等医院；1993 年，成为“全国示范中医院”；1999 年，被命名为“全国百佳医院”。

2008 年，越秀区启动创建“中医特色预防保健体系”示范试点区工作。诗书街发挥辖内卫生资源丰富的优势，把社区养老服务与“中医进社区”结合起来，开展中医“治未病”特色活动。建立以诗书街社区卫生服务中心（越秀区中医医院南院）为依托的中医进社区网络体系，成员单位包括广东省中医院、广东省人民医院（惠福西门诊部）、广州市儿童医院、广州市妇婴医院，共同签订“中医特色预防保健进社区”活动协议书，联合开展中医进社区服务。发挥中医药“简、便、验、廉”的特色，由成员单位派出专家医务人员到各社区提供零距离健康服务。实行社区责任医生负责制，为老年人提供医疗保健服务，每一个社区居委会设置一个社区卫生服务站，发放便民联系卡，开通24小时热线电话服务居民；成立健康教育俱乐部，针对不同患病人群开展健康教育，提高健康知识知晓率；建立健康档案，责任医生将居民的健康情况记入档案，实行动态管理；开展居民卫生服务需求调查，根据需求有针对性地开展健康服务。

社区卫生服务与时俱进 2005年，诗书街社区卫生服务中心被确定为广州市第一批中医药服务示范单位。2006年，全区中医“治未病”工程启动，在街道社区卫生服务中心建中医房和“治未病”工作室。2008年11月21日，越秀区第一人民医院和越秀区中医医院合并，原越秀区中医医院址改为诗书街社区卫生服务中心。2008年，诗书街社区卫生服务中心被确定为“广州市中医名科”建设单位。2011年，光塔街社区卫生服务中心被卫生部授予首批“全国示范社区卫生服务中心”称号。2012年，诗书街社区卫生服务中心被卫生部授予第二批“全国示范社区卫生服务中心”称号，被评为“中国社区卫生协会全科培训基地”，获广东省“群众满意的医疗卫生机构”称号。2013年5月，

光塔街社区卫生服务中心朝天院区（2019年） 光塔街道办事处 提供

光塔街社区卫生服务中心荣誉牌匾（2019年）　　光塔街道办事处　提供

光塔街社区卫生服务中心和诗书街社区卫生服务中心合并，组成新的光塔街社区卫生服务中心。2014 年，越秀区建立大医院、区级医院、社区卫生服务中心合作的医疗联合体，光塔街社区卫生服务中心与广东省人民医院签订合作协议。2015 年，光塔街社区卫生服务中心与广州国盈医药有限公司签订框架协议，推动“药房托管”模式。光塔街社区卫生服务中心被选为英国伯明翰大学在广州设立的中英合作全科服务培训示范基地之一。

公共卫生服务开展　光塔街开展四大服务项目，惠及广大居民。一是居民健康档案管理服务项目，为居民建立健康档案。二是健康教育服务项目，包括举办健康教育知识讲座、开展公众健康咨询活动、发放健康教育处方、开展糖尿病健康干预小组活动等。三是预防接种服务项目，为辖区内户籍儿童建卡、建证，提供免疫规划疫苗各单苗全程接种，定期组织巡查督促居住期超过 3 个月的儿童建证、建卡、及时接种疫苗，对学校卫生老师进行查证验证培训，对社区居民进行预防接种知识宣传。四是儿童健康管理服务项目，规范开展新生儿家庭访视、新生儿满月健康管理、婴幼儿健康管理，对高危儿进行筛选、登记、指导、追踪结案或转出，对于无法确诊和疑似病例进行双向转诊，协助开展新生儿视网膜及听力筛查工作。光塔街卫生服务中心是广州市规模较大、业务量较高、综合实力较强的社区卫生服务中心。在 2018 年，光塔街社区医院获得国家级“优质服务示范社区卫生服务中心”称号。

居民生活

社会保障

光塔街是一个多民族聚居的街道，改革开放以来，光塔街经济社会得到长足发展，居民收入持续较快增长，消费水平和质量持续提高。根据不同民族的文化、生活特点，光塔街开展各项民生工程，包括加强特困群体服务保障和住房保障，运用各种就业扶持政策，采取灵活多样的方式促进再就业，重点关注劳动就业、社会保险、民政民生等方面工作，不断提升民生建设质量和效益。

劳动就业 街道为帮助居民解决就业问题，利用社区再就业工作联席会议平台、召开现场招聘会等形式，拓展再就业渠道，建立失业人员求职档案资料库，根据失业人员的特长和意向推荐就业。同时，关注“4050”人员及残疾人，帮助特殊群体就业。2006年10月31日，光塔街再就业基地正式揭牌。光塔街在巩固发展以手工加工“毛公仔”

光塔街居家养老服务中心（2019年） 光塔街道办事处 提供

光塔街长者综合服务中心（2019年） 光塔街道办事处 提供

等项目的基础上，先后建立“一中心一基地”两个就业阵地，即“光塔街孝友东就业指导中心”和“光塔街再就业基地”，解决生活困难人员再就业的难题。2006 年，光塔街获“越秀区再就业工作先进街道”称号。2007 年 5 月 31 日，光塔街成立广州市首家扶助刑释解教人员爱心服务工作站。工作站下设帮教分站、生活扶助分站和就业分站，将思想帮教、扶贫济困与就业安置结合起来，解决刑释解教人员中“三无”（无生活来源、无劳动能力、无法定抚养义务人或法定抚养义务人丧失劳动能力而无力抚养的公民）人员的后顾之忧。2007 年，光塔街打造就业服务品牌——“就业就在家门口”的零距离就业模式，促进失业人员再就业。光塔街道党工委获“广州市安置帮教先进集体”称号。2014 年，光塔街举办“青春启航 • 梦想飞扬”广州青年就业服务进社区专场招聘会，80 多个单位提供就业岗位 2000 多个。2015 年，光塔街加快信息网络体系建设，推动创业促进就业工作，多渠道开发就业岗位。2018 年，光塔街实施就业帮扶，举办招聘会 4 场，全街登记失业人员 2725 人，实现就业 2321 人。

社会保险 广州解放后，中国人民保险公司广州市越秀支公司在光塔街大德路 282 号建立。保险的业务不断扩大，除原有的水、火和人寿保险外，还有财产保险、货运保险、农业保险、对外保险。1987 年 8 月，光塔街实行集体所有制企业职工退休养老社会保险统筹。20 世纪 90 年代，光塔街落实“两个确保”（确保国有企业下岗职工基本生活、确保企业离退休人员养老金按时足额发放）和“三条保障线”（养老保险、失业保险、城镇居民最低生活保障线），街属企业职工各项保险参保率达 80% 以上。1998 年，光塔街联合越秀区工商分局，协调社会保险公司，推进区内个体、民营企业从业人员参加社会养老保险。2018 年，光塔街办理城乡居民社会养老保险 735 人，办理城镇居民基本医疗保险 393 人，社会化管理退休人员 22181 人。

民政民生 20 世纪 80 年代，光塔街对辖区内的孤寡老人，由社区居委会落实包干服务。

1991 年，建立社区服务管理站、退管委、老龄委、双拥领导小组，开办 50 多个便民利民服务点。1992 年，被评为广州市社区服务达标街。

2005 年，街道开展共产党员先进性教育活动，组织“与独居老人结对子”邻里互助活动，该经验做法在 11 月 1 日被广东电视台《夕阳红》栏目专题报道。

2009 年，越秀区在全市率先建立助老服务队伍的基础上，以“我为人人，人人为我”的服务理念，探索建立养老服务储蓄机制，光塔街被确定为养老服务“爱心储蓄”试点推广街之一。

2013 年，光塔街推进养老服务机构建设，新建长者日托中心 1 个。

2014 年，推行社会化管理退休人员 GPS 信息助老服务，健全居家、社区、机构“三位一体”的养老服务体系。光塔街建成两个托老中心，开展医养结合服务工作，为老年群众提供健康管理和出诊服务。光塔街社会化退休人员管理所获“广州市社会化管理退休人员文体活动先进单位”称号，“颐养 e 社区”被评为“越秀区社会服务管理创新项目”。

2018 年开始，光塔街党工委开展“圆梦光塔”党建 + 公益活动，以党建为引领，服务困难群体。“圆梦光塔 2018”项目为困难群体实现 500 个“微心愿”、打造 10 个圆梦书房。

2018 年 3 月，光塔街居家养老服务中心分点正式营运，标志着光塔街“大配餐 + 医养结合 + 互联网”创新社区居家养老模式建立。作为社区居家养老服务体系的创新内容，光塔街还为辖内长者提供“平安宝”、肺癌筛查等涉老服务。为加强对特殊老人的安全防范工作，光塔街建立起特殊老人关爱巡查体系，完善独居孤寡老人档案，建立探访登记日志，倡导邻里相互结对帮扶，加强日常照料管护。

收入消费 民国时期，光塔街居民生活主要靠从事商业、手工业、服务业收入和工薪收入维持。广州解放后，光塔街居民收入虽然微薄，但生活尚算稳定。对一些生活难以维持的困难户，由区政府拨款救济，救济标准一般按困难程度以每人每月 3 ～ 8 元发放。

20 世纪 50 年代前期，居民收入较低，一般居民月收入约为 15 ~ 20 元（水上居民只有 10 元），生活消费标准很低。1957 年上半年，月人均伙食费为 11.06 元，平均每人每餐伙食费 1.2 角。1958 年，随着劳动就业机会增加，居民收入也开始有了增长，居民月平均收入为 25.56 元。1964 年，平均每人月生活费支出为 28.08 元，比 50 年代平均支出增长 87.2%。

1964 年，职工年均工资 400 元左右。1975 年，职工年均工资 500 多元。1990 年始，职工的工资标准提高速度加快，居民收入水平稳步提高。至 2004 年年底，职工年均工资约 4 万元，为 1990 年的 12 倍多，年递增率为 21.5%。

随着国民经济的快速发展和居民收入水平的不断提高，居民家庭的消费能力明显增强，居民消费性支出逐步增长。1990 年，居民人均消费性支出为 200 元，至 2004 年年底，人均消费性支出达 1.37 万元，扣除社会费用价格指数上升因素，为 1990 年的 5 倍多。居民的消费结构优化，消费层次提高，食品类消费支出比重（恩格尔系数）由 1991 年的 58.9% 下降到 2004 年的 38.7%。家庭日用和文化娱乐的支出也由“实用型”向“享受型”转变。居民对文化教育和文化娱乐的支出由 1990 年的每人 200 元增加到 2004 年的 1900 多元，增长近 10 倍。高档耐用日用品及电器逐步普及，1990 年，95% 的家庭拥有电视机（其中 82% 为彩色电视机），68% 的家庭有洗衣机，30% 的家庭用上煤气炉，电话、摩托车等高档商品开始进入家庭。2004 年，家用汽车等进入普通百姓家庭，非消费性支出逐步增加，如购买有价证券、非储蓄性的各类保险等。

2018 年，光塔街居民年人均可支配收入 6.62 万元，其中工资性收入 3.86 万元。城镇居民人均消费性支出 4.99 万元，其中食品支出 1.58 万元，恩格尔系数 31.7%。

休闲娱乐 古时，光塔街居民便有逛元宵灯市、看戏剧、逛茶馆等休闲娱乐活动。清代开始，上茶楼饮茶、到戏院看戏更为普遍。20 世纪 30 年代至 70 年代，看露天电影成为最受居民喜爱的娱乐活动。80 年代，收听广播、听收音机、听录音磁带较为普遍。90 年代，看电视成为大众娱乐主要方式之一。随后，看录像、唱卡拉 OK、看歌舞表演、跳广场舞和交谊舞等又成为时兴的娱乐项目。

2000 年后，居民休闲娱乐活动更为丰富多样。特别是越秀区开发区内重点旅游特色项目后，五仙古观、越秀区博物馆、南粤先贤馆、越秀区图书馆光塔分馆等相继建成开放，为居民休闲娱乐提供更多去处。

自 20 世纪 60 年代以来，街道文化站不断升级完善，组建文化协会、粤剧团、交谊舞协会等文艺团体，居民参与度较高。2005 年，光塔街文化站成立离退休美术家学会，

光塔街广场一角（2019年） 光塔街道办事处 提供

组织墨趣书画会活动。2006 年，结合街道民族成分较多的特色，成立光塔街地区少数民族艺术团，更好地促进民族融合。2010 年，光塔街以民族融合进步、团结发展为根本，培育“少数民族合唱团”“回民武术队”等文体组织，开展包括少数民族小食烹饪大赛、周末歌咏会、书画展等具有民族特色的社区文化活动，加深各民族间的了解，丰富居民群众的文化生活。至 2018 年，光塔街居民休闲娱乐方式更加多样化，旅游、健身等逐渐流行。

文物胜迹

“白云之麓，坡山之隈”，古时候的光塔一直屹立在珠江古航道的北岸，“番人望海舶至”。独特的地理位置，使光塔街既绵延着广州建城前的百越文化，也接续着建城后的汉越文化融合，更延续着作为海上贸易内港的中西文化交融，由此汇聚了独具特色的文物胜迹。广州的别称“羊城”“穗城”便是产生于光塔街辖内惠福西路的明清建筑群五仙观。明代，五仙观以“穗石洞天”被列为羊城八景之一。清代，五仙观以“五仙霞洞”之名被列为羊城八景之一。至2019年，有1300多年历史的怀圣寺光塔、与“蕃坊”有关的地名仍在沿用。光塔街辖区内有被列入广州市建筑单体保护项目名单的光孝堂，有被列为全国重点文物保护单位的广州公社旧址（广州起义纪念馆），还有日泉井、东坡泉、青云书院、岭南第一楼、骑楼街景观等文物，历经岁月保存下来，彰显着丰厚的文化内涵。

遗址遗迹

五仙观与岭南第一楼　五仙观位于惠福西路233号，是明代初期根据“五仙骑羊，衔谷而降”的羊城传说而修建的一座道教宫观。其“五仙古观”石额，为清同治十年（1871）大学士、两广总督瑞麟所书。岭南第一楼也称禁钟楼，位于惠福西路五仙观后山坡上。明洪武七年（1374），由行省参知政事汪广洋所建。比五仙观修筑年代更早，不是五仙观的一部分，但因二者地理位置相近，常被视为一体。

迄今所知，最早关于五仙观的记载，见于北宋时古成之写的《广州五仙观》诗，有“五羊坛上访神仙”句。北宋广州刺史蒋之奇有诗云：

五仙观（2019年）　光塔街道办事处　提供

州宅之西敞华堂，我来跪拜焚宝香。

堂中塑像何所见，乃有五仙乘五羊。

从此诗可见当时五仙观位于州衙附近，建筑堂皇宽敞，堂中供奉着五羊仙乘五羊之塑像。当时地方官到任之后，均要到观中虔诚跪拜，祈求“永无饥荒”。

南宋嘉定年间（1208—1224），五仙观迁往药洲（今教育路），直至明洪武十年（1377）迁往坡山现址，此后，五仙观在坡山屹立600多年至今。清代，五仙观被列为羊城八景之一，景名“五仙霞洞”。

五仙观坐北朝南，依坡山而建，原名为通明阁，也称玉皇阁。明清时期占地颇大，有殿堂十多处。观后的山坡上，有“岭南第一楼”。后殿五仙祠为重檐歇山顶，朱红梁柱，彰显其官祭祠庙的地位。

五仙观的历史文化价值，最突出的有下列三处。其一，仙人拇迹。东殿后侧有一处裸露红砂岩，上有形似脚印的凹槽，传说是仙人飞天时留下的足迹。明代，这一带景色以此奇观为中心，列入羊城八景之一，称为“穗石洞天”。其二,五仙观后殿。头门上

清代的五仙观仪门　　叶曙明　提供

岭南第一楼（2019年） 光塔街道办事处 提供

有两广总督瑞麟书写的“五仙古观”四字。还有宋至清代碑刻 14 块、明代石麒麟一对，最有价值的是后殿，殿的正桁底部刻有“时大明嘉靖十六年十一月拾贰”的字样。内檐施 6 铺作 3 抄斗栱，是广东境内保存较为完整的明代木构架。其三为岭南第一楼。楼在五仙观大殿之后，为明代城楼建筑，曾与镇海楼、海山楼、拱北楼合称广州“四大崇楼”。楼内有青铜大钟，铸于明洪武十一年（1378），是广东现存最大的古代铜钟。1963 年 3 月，五仙观和岭南第一楼被列为广州市级文物保护单位。1989 年，五仙观及岭南第一楼被广东省政府公布为第三批广东省文物保护单位。

1949 年以后，五仙观和岭南第一楼，由广州市文化管理委员会接管，后交由广州博物馆管理。原设于观内的中山同乡会小学改名为“广州市中区第一工农子弟小学”，后改名为“惠福西路第二小学”。广州市惠福区人民文化分馆在五仙观办公。1999 年挂牌成立的越秀区博物馆亦设于此。2000 年，广州市、越秀区共投入 7853 万元，对五仙观周边的民居、商铺进行整治，兴建文化广场。2002 年，五仙观绿化广场第一期工程竣工，越秀区政府把五仙观辟为越秀区博物馆。2003 年五仙观对外开放。2004 年五仙观二期工程启动，重点兴建广州市重点文化建设项目“南粤先贤馆”，展示为岭南文化做出重大贡献的南粤先贤风采。在西南侧增设“百工坊”，作为传统民间工艺的展示场地。2005 年，五仙观被列为广州市爱国主义教育基地。2011 年，五仙观大殿、岭南第一楼进行整体维修。2013 年 3 月，五仙观及岭南第一楼被列为第七批全国重点文物保护单位，成为广州文化历史的大观园，从中可了解岭南的历史。

怀圣寺和光塔 怀圣寺位于光塔路 56 号，建于唐贞观元年（627），是侨居广州的阿拉伯穆斯林捐资建设的中国第一座清真寺。

怀圣寺坐北向南，占地面积 2966 平方米，沿中轴线建有三道门、看月楼、礼拜殿和藏经阁。建筑的比例、色彩、装饰均具西亚风格。头门门额为阿拉伯文“清真寺”匾；二门门额为汉文“怀圣寺”匾，上款“同治辛未仲秋重修”，落款“邓廷书”；三门门额为“教崇西域”匾，上款“光绪二十八年八月二十日”，下款“怀圣寺供承”。看月楼建筑风格融入中国特色。大殿庄严肃穆，正门两侧悬挂对联，是典型的中国文化。藏经阁是阅读、收藏伊斯兰教经籍的地方，现保存印尼前总统哈比比赠送的当时世界上最大的印刷体《古兰经》。

怀圣寺（2019年） 光塔街道办事处 提供

怀圣塔（俗称“光塔”）是怀圣寺最显著的建筑，位于寺西南角。光塔塔身呈圆筒状，以青砖砌筑，蚬壳灰披荡，全塔银白色。塔高 36.3 米，塔底周长 30.5 米，分上下两截，逐渐收窄，中间为平台，顶部用砖牙叠涩出线脚。塔身上有 5 个长方形小孔，含伊斯兰教的五门功课和每天五次礼拜之意。塔内有两道螺旋状楼梯，南梯共 159 级，北梯共 153 级，互不相交，各通塔顶。明初，塔顶的金鸡被飓风所毁，改为铜葫芦。清康熙八年（1669），铜葫芦也毁于飓风。1934 年，重修时改为现在的火焰尖顶样式。

怀圣寺历经岁月沧桑，元至正三年（1343）被焚毁，至正十年（1350）重建，此后于明成化三年（1467）、清康熙三十四年（1695）、道光二十六年（1846）、同治十年（1871）共四次重修。1935 年再次重修时，原来木结构的宫殿式大殿因蚁患严重改为混

怀圣寺内景（2019年）　　光塔街道办事处　提供

凝土结构。中华人民共和国成立后亦进行过几次原状维修。

自古以来，怀圣寺是广州伊斯兰教主要活动场所，重大节庆日全市穆斯林都在这里集中志庆。怀圣寺礼拜殿可容纳 300 人，逢伊斯兰教聚礼日，礼拜者达两三千人次。每年的开斋节、古尔邦节两大节日，到寺参加宗教活动者尤为踊跃，还有港澳地区的一些穆斯林携亲友专程到怀圣寺共庆节日，场面十分热闹。怀圣寺还开办经学堂，起初教阿拉伯文，后加入汉文。还开办清真小学，1955 年迁出寺外。开办塔光国术社时，族胞尚武之风盛极一时。2000 年，怀圣光塔寺获"全国模范清真寺""广州市文明宗教活动场所"荣誉。同年 4 月 21 日，广州市伊斯兰教协会在怀圣寺举行挂牌揭幕仪式。2006 年 11 月，广州市伊斯兰教协会——作为中华人民共和国成立后成立最早的地方伊斯兰教协会，在怀圣寺举行成立 50 周年庆典。

改革开放以后，国内外人士到寺参观访问者日多。1964 年，阿富汗国王沙阿、王后及随员到访，国家副主席董必武陪同。还有马来西亚王子、马来西亚国王苏丹、印尼总统哈比比、土耳其空军司令齐雷克上将、巴基斯坦国民议会议长、土耳其祖国党总书记等政要到此参观。1978 年 7 月，怀圣寺被列入广东省革命委员会重新审定公布的广东省第一批省级重点文物保护名单，1996 年被国务院公布为全国重点文物保护单位。广州市伊斯兰教协会、广州市回族历史文化研究会设于怀圣寺内。

元妙观 元妙观位于今中山六路中六电脑城处，前身是建于唐代的开元寺。开元寺占地甚广，地处中山六路以北，祝寿巷以南，海珠北路以西，人民北路以东，占地面积约 1.2 万平方米。唐元和十二年（817），国子监祭酒孔戣出任广州刺史，在寺地范围内建造广恩馆。南汉大宝十年（967），以南汉后主刘𬬮之名铸造了一座铁塔，放置在开元寺。南宋端平年间（1234—1236），光孝寺住持僧绍喜将塔移至光孝寺，并建殿保护。铁塔今仍存光孝寺。

宋真宗大中祥符二年（1009），诏天下建天庆观，祀圣祖赵真君，开元寺改为天庆观。大中祥符五年（1012）十月，朝廷又下诏增设圣祖殿。广州天庆观又称"圣帝殿"。北宋皇祐四年（1052），侬智高进犯广州，天庆观毁于兵燹。北宋治平年间（1064—1067），到广州经商的三佛齐（今印尼）人，目睹天庆观变成一片废墟，于心不忍，回国请其国王地华迦罗捐资重建，并购田地充作观产，至北宋元丰二年（1079）完工。三佛齐人捐资重修天庆观，成就了一段海上丝绸之路的佳话。其后天庆观改称玄妙观。1962 年，祝寿巷小学校内出土的古碑《重修天庆观记》记述了此事。

北宋绍圣元年（1094），苏东坡因反对王安石变法，被贬往惠州。他路过广州时，寓居天庆观，发现广州人生活深受咸水困扰，地方官员们无力解决民间疾苦，却霸占了最好的水井。为了寻找优质的井水，苏轼请人在天庆观凿井，后人取名为“东坡井”，也叫“苏井”。井水的水质很好，仅次于光孝寺的达摩井。挖井时挖出一块龟形大石，因此这口井又叫“石龟泉”。

元大德年间（1297—1307），宣慰使答剌海重修天庆观，改称玄妙观。仿光孝寺山门背面“诃林”匾额，玄妙观山门背面有“琪林”匾额，因此玄妙观又称“琪林观”。元末明初道士萧虚集，居住在琪林观，以诗文闻名于世，习惯以琪林代称玄妙观。明代羊城八景之一“琪林苏井”，指苏东坡在天庆观所开之井。琪林指玄妙观，以“琪林”寓意城中的玄妙观为人间仙境。

明洪武元年（1368），征南将军廖永忠重修玄妙观。琪林门内为仪门，有甬道直达三清殿、玉皇宝殿和真武殿。甬道两边有钟楼、鼓楼；再东侧为东庑、金刚庵、方公祠、得闲亭、功德院；西侧为西庑、忠靖王庙、众妙堂。苏井在众妙堂外。桂殿兰宫，嘉木成林，夏有黛绿，秋有萧瑟，吸引了不少文人骚客在玄妙观雅聚，吟诗作画。南园五子之一、诗人孙蕡曾在观中东部的得闲亭居住，与友人王佐夜宿琪林观，共同创作《琪林夜宿联句一百韵》，还作有《南园歌赠王给事彦举》，诗中提到“群英结诗社，尽是琪林仙”。

清代，为避康熙皇帝（玄烨）讳，“玄”易以“元”。因此，从康熙年间（1662—1722）起，广州玄妙观改称为元妙观。观内东西分别增建金刚庵、忠靖王庙。清初观内尚有巨型石龟一只，并有众妙堂、苏（轼）公像、方（大琮）公祠、玉皇宝殿、真武殿和苏井等胜迹。山门前有一座背着幼狮的母狮石雕，民间风俗，每年元宵节之日，城中妇女纷纷到元妙观，焚香膜拜，向石母狮祈祷求子。元妙观前香烟如云，花灯如海，非常热闹。这个风俗一直延续至民国初年。

民国以后，元妙观周围环境发生急遽变化，拆除城墙，兴建大量民房，观地逐渐被挤压侵占。1921年，政府力倡“改革风俗，破除迷信”，元妙观被政府征收公用，改建为市立第一儿童游乐园。1934年，元妙观被完全拆平，当时观内还存有苏井、铜钟、聚宝炉、菩提树、龙亭炉等遗迹古物，后来逐渐散失湮灭。元妙观遗址曾先后改作市立第三中学校、市立实验中学、市立第十三小学。1936年，改为市立美术学校。1949年以后，苏井被填埋，石龟亦被砸碎，元妙观遗迹荡然无存。今光孝路东侧仍有井边巷（旧称井头巷），为苏井故地。据考证，三清殿月台的石围栏，后移到怀圣寺。1987 年，祝寿巷小学建设体育训练大楼，有人收拾石龟碎片，加以复原，石龟体形庞大，长约两米，宽 1 米余，并在体育训练大楼首层东南方建水景加以保护。

西澳外贸码头 惠福西路以南、五仙观以西，海珠中路南段一带，属珠江湾北缘，深入陆地之处，名为西澳，有坡山作屏障，为避风良港。自西汉起，一直是外国商船停泊的码头区和重要商贸区。南朝后期，随着海上丝绸之路开辟的航线愈来愈多，西澳逐渐成为一个对西亚、南亚、南洋各国海上交通的重要港口。每年东南季风时节，西澳码头便出现诸多船只等候入港的情景。唐代李肇《唐国史补》记述当时广州的情景："南海舶，外国船也，每岁至安南、广州。狮子国舶最大，梯而上下数丈，皆积宝货。至则本道奏报，郡邑为之喧阗。"

由于海路遥远，船要等冬季季候风才能出港，许多蕃商只能在广州暂住，西澳以北的今光塔街范围内，逐渐成为外国商客的聚居点，明代学者顾炎武在《天下郡国利病书》中记载："自唐设结好使于广州，自是商人立户，迄宋不绝；诡服殊音，多流寓海滨湾泊之地，筑石联城，以长子孙。"唐代正式将这一带划为蕃坊，配以各种生活设施，

原西澳码头地址现状（2019年） 光塔街道办事处 提供

使蕃商可以在此安居乐业。光塔的重要作用之一，就是为进出西澳的船只指引航向。

北宋时期，海上丝绸之路继续繁荣发展。西澳仍然保持着作为广州重要外贸码头之一的地位。然而，由于蕃坊人口稠密，逐渐造成珠江北岸淤塞，影响船只泊靠。宋景德年间（1004—1007），进行了疏浚古西澳的工程，范围在今海珠中路两侧，令其不仅可以供舟楫停泊以避飓风波涛，还可以接纳城中渠水排出珠江，以及作城内救火之用。

北宋大中祥符四年（1011），南濠开凿，供船只避风，减少台风带来的危害。南宋时期，古西澳的淤塞速度加快，已不具“澳”形，而成为城濠。后曾多次进行过疏浚工程，但屡浚屡塞。至南宋末年，古西澳已完全淤塞成陆地，南濠水不再直接南流出珠江，而是汇入玉带濠。玉带濠以南的原西澳水道成为繁盛商业区。随着城垣扩展，珠江北岸南移，西澳（南濠）四边逐渐成为陆地，西澳外贸码头的功能不复存在。昔日珠水荡漾的景象，今天已变成商铺高楼。但西澳外贸码头曾经的繁华，及其所承载的广州对外贸易的沧桑变化和外侨聚居的故事，在海上丝绸之路历史上是值得浓墨重彩记述的。

六脉渠 六脉渠始建于宋代，基本分布在越秀区范围之内，尤与光塔街关系密切。宋代的六脉渠有四脉从今光塔街经过（以下均用今地名）：其一从六榕路出，经惠福西路，至南濠街出城，入玉带濠；其二从净慧路出，经海珠北路、擢甲里、朝天路、光塔路，至南濠街出城，入玉带濠；其三从光孝路出，经诗书路，至大德路口出城，入玉带濠；其四从今人民公园西侧出，经莲花井南段、雨帽街、桂香街、贤藏街、马鞍北街，过春风桥入玉带濠。

六脉渠利用贯通城里的天然溪水沟堑开凿而成，既可防火，亦可用于排涝。西澳的大水关，是六脉渠出海的总出口。由于年代久远，经历朝历代不断修葺，有的改道，有的分出众多支渠，也有新开凿的渠道。因此，宋代六脉渠与明代六脉渠、清代六脉渠，并不完全一致。

清嘉庆八年（1803），布政使康基田捐出廉银，疏浚六脉渠。嘉庆十五年（1810），布政使曾燠对城内渠道进行勘察，发现有十脉之多，其中四脉从今光塔街经过：其一从桂香街出，经广州起义路贤藏街、解放中路入玉带濠；其二从解放北路西华二巷出，入玉带濠出城；其三从解放北路周家巷出，入玉带濠出城；其四从光塔路杏花巷出，经南濠街入玉带濠出城。

清道光《南海县志》对六脉渠也有记述，其中一脉从连新路越王井西侧出，西行至百灵路，转向南行，沿海珠北路穿过中山六路，经擢甲里到达惠福西路，转向西边，进

玉带濠（2019年）　　光塔街道办事处　提供

入诗书路，在大德路口与玉带濠接通。另一脉从应元路出，经人民公园、桂香街、马鞍街，入玉带濠。

清咸丰七年（1857），英法联军攻入广州，城内许多地方被严重破坏，大量房屋被焚毁，砖瓦淤塞河涌，六脉渠也未能幸免。清同治九年（1870），布政使王凯泰主持了清代最大规模的修治六脉渠工程，他秉承“有故道者循故道，找不到故道者辟新沟”原则，重开六条大渠。王凯泰所著的《重浚六脉渠记》对六脉渠走向有详细标注，其中两脉从今光塔街经过。

民国以后，由于城市开发建设的需要，六脉渠大部分被填埋，辟为马路和街巷。中华人民共和国成立后，仍存的部分渠道被改为下水道，纳入市区排水系统之中。

四牌楼　“四牌楼”，原指明嘉靖十三年（1534），广东御史戴璟在中山六路、解放中路一带所建的惠爱坊、忠贤坊、孝友坊和贞烈坊四座牌坊。这四座牌坊，用材上乘，工艺精巧，历经370多年而不倒。

惠爱坊的位置在今中山六路与解放中路交界处，用以纪念自秦代至清代，由中原到粤地任职、德政惠民的地方长官任嚣、赵佗、吴恢、陆胤、陶侃、吴隐之、刘公权、宋璟、杜佑、李商隐、韩愈、周敦颐等67人。今中山四、五、六路在清代称惠爱街，又称惠爱坊，因牌坊而得名。

忠贤坊的位置在今解放中路陶街附近，用以纪念广东历代地方贤良名流高固、邓宓、杨孚、王范、何昌期、黄励、崔与之、何真、陈献章、祁顺、张诩、伦文叙等49人。

孝友坊的位置在今解放中路，用以表彰历史上孝亲爱友的人物董正、罗威、黄舒、姚成甫、邓鲁、李用、陈韶孙、简祖英、唐豫、唐璧、黄瑜、方用中等54人。

贞烈坊的位置在今中山六路将军西、东路南端，用以旌表贞节烈女陈南妻戴氏、符凤妻玉英、刘氏二孝女、李顺妻陈氏、梁明妻潘氏等55人。

除此之外，当时在今解放中路、中山六路一带，尚有熙朝元老坊、盛世直臣岭南正义坊（又称“忠介坊”）、大学士坊、总揆百僚承恩五代坊、父子会元坊、乙丑进士坊、戊辰进士坊、百岁恩荣坊、银台坊、奕世台光坊、熙朝人瑞坊等多座牌坊。

至清代后期，因受第二次鸦片战争及各种自然因素的摧残，城内大部分牌楼相继倒塌。忠贤街上仅余乙丑进士坊、总揆百僚坊、奕世台光坊、戊辰进士坊、盛世直臣坊等五座石制牌楼，但当时人们仍按老习惯称为“四牌楼”，实为五牌楼。五座牌楼的形制基本一致，属官式牌楼，四柱三

抗日战争时期的四牌楼
光塔街道办事处　提供

民国时期的四牌楼　光塔街道办事处　提供

原四牌楼地址现状（2019年）
光塔街道办事处　提供

间五楼，柱不出头，各楼皆以石斗拱承托出檐，额枋有梅鹊松鹤、鲤鱼跃龙门等石雕图案；最高楼顶下嵌石匾额刻坊名；牌楼柱前有石狮、抱鼓石等，每座牌楼用石料达 39 立方米。牌楼的中间较宽，可过中型汽车，两边次间较窄，可过人力车（黄包车）。

1947 年，中华中路（原四牌楼忠贤坊）马路扩建，广州市工务局拟将四牌楼移往他处，以利交通。经岭南大学提议，政府批准乙丑进士坊移至岭南大学，立在格兰堂西侧；盛世直臣坊、总撰百僚坊移至汉民公园（今属南越王宫博物馆地）南门和西门；戊辰进士坊、奕世台光坊移至越秀山百步梯的东口和西口。

“文化大革命”期间，四座石牌楼均被砸毁，构件大都散失，无迹可寻。只有乙丑进士坊有部分留存。20 世纪 90 年代，由中山大学校友会捐资 70 多万元，于 1999 年 11 月复原修缮，竖立于中山大学惺亭西面。

妙吉祥室 位于海珠中路 123 号。居住在光塔街的满族人大多笃信观音，不仅家中供奉观音像，而且把原属梦觉庵的一座阁楼辟为“万善宫”，供奉从京师带来的木雕鎏金观音坐像。相传清顺治九年（1652），五世达赖率随员进京朝觐顺治皇帝，接受朝廷的金印册封。当时他呈送给顺治的礼品中，有一尊木雕鎏金观音像。乾隆皇帝转赐给驻粤八旗，所以坊间称“万善宫”为“观音楼”。清咸丰年间（1851—1861）改为“万善禅院”。禅院一直是满族人的家庙，因位于正红旗地界，所以由正红旗佐领管理。到清光绪年间（1875—1908），改聘和尚管理，主持香火，对外开放。

妙吉祥室（2019年） 光塔街道办事处 提供

1932年，西濠街（今海珠中路）扩筑马路，由广州满族人组建万善佛教讲经堂，聘请许崇清为董事长，筹款项将原砖木结构的万善禅院改建为混凝土两层楼房。1934年新楼落成，更名为“妙吉祥室”。后金天聪九年（1635），皇太极将后金女真人族名改作“满珠”，后又改作“满洲”。汉语把“满珠”译为“妙吉祥”。

新建的妙吉祥室，是一座中西结合的岭南骑楼式建筑，坐西朝东，总面阔14米，总进深7.7米，南边为方形平面，北边为扇形，建筑总占地面积107平方米。大门两侧嵌花岗岩石门夹，门面水磨青砖墙壁，大门两旁各开一窗，石门额上刻漆金正楷“妙吉祥室”四字，上款“壬申八月”，下款“吴道镕书”。大门外临街骑楼两侧各立一个水磨石爱奥尼柱。一楼外墙青砖全顺式砌筑，花岗岩石脚。二楼外墙为青砖席纹式砌筑。二楼东面及北面扇形建筑墙面均有嵌花岗岩石框边的满洲式花窗。一楼原有放生池，观音像放置在二楼北面。顶部为天台，设有女儿墙。

1954年，妙吉祥室由“广州市满族人民观音楼管理委员会”接管。1959年，改为“广州市少数民族第二俱乐部”，作为满族群众活动场所。原供奉的观音像和神龛仍保存，以供瞻仰。20世纪90年代，由族胞敬赠一尊高90厘米、底座45厘米、背有光环的古铜色铜质观音像，供奉在原神座上。1984年9月，广州市满族联谊会成立，以妙吉祥室为会址。1985年，在天台加建第三层。现妙吉祥室为广州市满族历史文化研究会会址、广州满族文化陈列馆馆址。

南海学宫 即南海县学，创设于南宋嘉定二年（1209），为南海县一级学府。明洪武三年（1370），朝廷下诏全国郡县兴建县学，南海学宫逐步修葺扩建。洪武二十二年（1389）创建食堂。明永乐七年（1409）建大成殿，并拓展县学后面的地域创建尊经阁及东西号舍。尊经阁用于收藏图籍。明正统八年（1443）重建大成殿，拓展学宫后地域建东西号舍十四间。

经过历年修葺扩建，学宫面积“地纵六十五丈，横二十八或二十五丈”，即大约有1.6万平方米，南至华子巷（今玉华坊），北至蒲宜人巷（今普宁里），东至忠贤坊（今解放中路），西至米市街（今米市路）。

学宫坐北朝南，南北向纵轴线上的建筑依次为：学宫大门棂星门，戟门，左为聚奎楼，中为大成殿，左右夹以两庑。大成殿后为明伦堂。堂东为成德斋，稍南为教谕宅。西为达材斋，稍南为训导宅。堂左为仓廒，右为吏舍，后为尊经阁。号舍五所，一在尊经阁东西两侧，一在西庑之后，一在棂星门之南，一在牌坊兴贤坊之北。又在崔清献祠

清代的南海学宫　　叶曙明　提供

清代南海学宫内景　　叶曙明　提供

后建名宦、乡贤二祠。启圣宫前建敬一亭。尊经阁前建会膳堂。

清顺治年间（1644—1661），南海学宫沦为清军马厩。康熙二十年（1681）三藩削平，御史大夫蒋伊对学宫重加修建，同时进行扩建。清雍正元年（1723），学宫内的启圣祠改为崇圣祠，雍正五年（1727）西北部建孝弟祠（又称忠义孝弟祠）。雍正七年（1729）复建聚奎楼。

清乾隆二年（1737），广州署将军阿尔赛重修学宫。修葺后，学宫由南而北为大门棂星门，戟门，泮池，大成门，大成殿，崇圣祠，明伦堂，聚贤楼，尊经阁，阁北为学宫北墙。学宫东至忠贤街（约今解放路），西达新店街（今米市路），南起至华子巷，北抵蒲宜人巷。原高桂坊因纳入了学宫范围，改名为学宫街。

清嘉庆七年（1802）南海学宫进行大规模修葺，学宫逐渐式微，面积收缩。清光绪十五年（1889）又进行重修。清末废科学，兴学堂，光绪三十三年（1907）南海学宫内创办南海中学堂，后迁至西门高第坊芦荻东报资寺，为广州市第十一中学（今南海中学）前身。

20 世纪 20 年代，南海学宫曾被军队占用作陆军医院。抗日战争广州沦陷时期，汪伪政权的广东教育厅在学宫内设立广东省立图书馆，后又设立“戒烟留医所”。抗战胜利后，国民党广州市党部在学宫内办公。1949 年以后，多个机构进驻，原建筑陆续被改建或拆除。

南海学宫现状（2019年）　　光塔街道办事处　提供

1998 年，南海学宫建筑被全部拆除，南海学宫彻底消失，仅余“学宫街”名。今“学宫街”建有一面仿墙，巷壁上有个小小的仿制石门，上方有“南海学宫”字样，旁边的黑石板刻着南海学宫 700 多年的简史。米市路北段东侧现中共广东省委统战部、广东省工商联、广东省民族宗教事务委员会的办公处，为南海学宫遗址所在地。

千顷书院　位于广州起义路，是广东省各地黄氏族人集资在省城兴建的大宗祠，初名黄氏大宗祠，始建于清雍正十年（1732），占地约 1 万平方米，坐北朝南，大门口在马鞍街，两侧为临街铺面，与梁家祠（青云书院）相邻。

宗祠主要建筑为大祠堂，面积约 1600 平方米，为三进式建筑。头进是大门；二进是集会议事的“萃涣堂”；三进正中供奉香公和妣李氏神位。两旁分昭位和穆位，供奉广东南海、番禺等 21 个县、144 房（村）的祀主 203 位。大祠堂西面为西厅，东面为二帝阁、义学等房屋。

清乾隆三十七年（1772），黄氏大宗祠改为“千顷书院”。大祠堂为千顷书院正座。千顷之名，源于对东汉贤士黄宪的称颂。清同治十年（1871），增建文武厅，修改附屋。清光绪二十三至二十七年（1897—1901），大祠堂东面建筑改建为千顷书院内街，南厅改建成一条巷（毓桂巷）。重建后的大祠堂供奉的各房祀主增至 502 位。

光绪三十一年（1905），千顷书院改名为千顷小学堂；1915 年改名千顷学校，后发展为千顷中学。1953 年 10 月，千顷中学和新民中学合并，改名为广州市第十四中学，在千顷书院原址办学。1984 年，千顷书院原址成为广州教育学院院址。1985 年，千顷

青云书院（2019年） 光塔街道办事处 提供

书院大祠堂被拆除，残存建筑仅余南端天井前的照壁。2000 年，广州教育学院并入新组建的广州大学，千顷书院原址成为广州大学起义路校区。2006 年，广州大学起义路校区并入桂花岗校区，广州市社会主义学院迁入千顷书院原址。

青云书院 青云书院位于惠福东路 389 号，北面与千顷书院相邻，原称梁氏先贤千乘侯祠，始建于清康熙三十八年（1699），是广肇两府梁氏合族祠堂。后因朝廷禁止合族宗祠，改为青云书院。乾隆三十九年（1774），对书院进行改扩建。清同治五年（1866），又进行一次重修扩建，增建西斋（昌后堂）。

青云书院坐北朝南，现仅存中路，左右两路均不存。中路建筑三间三进，面阔 12.3 米，总进深 36.5 米，占地约 449 平方米。大门前两侧为马台墩，青砖墙石脚，人字封火山墙，碌灰筒瓦，绿琉璃瓦当，滴水剪边。中座面阔三间 12.3 米，进深三间 8.4 米，共 10 架，前设 4 架卷棚。中、后座前分设两廊，廊面阔 2 米，进深一间，共 9 架。

1920 年，广州大兴城建，按照规划新建马路，须从千顷书院和青云书院穿过。广东名流梁士诒提出“求通不求直”的建议，被广东军政府采纳，维新路在两书院处拐弯绕过。千顷、青云两书院得以幸存。

1949 年以后，先贤千乘侯祠被用作街道工厂、五金仓库等，建筑受损严重。“文化大革命”时期，祠堂额石“先贤千乘侯祠”被人用灰沙覆盖，得以保存。2009 年，广州市对青云书院进行大规模修葺，2010 年竣工。“先贤千乘侯祠”石匾重见天日，建筑焕然一新。同年 8 月，越秀区人民政府将其列为越秀区文物保护单位。现为“青云书院艺术馆”馆址。

道南书院 清代广州原有众多的宗祠。清雍正十三年（1735），朝廷下令严禁民间聚众结盟。清乾隆三十七年（1772），广东官府奏请禁毁所有合族宗祠。清咸丰二年（1852），官府以合族祠多建于市井为由，再度下令禁绝。大量宗祠不得不改为书院。在今解放中路一带，曾分布着钟氏书院、宋氏书院、侯氏书院、道南书院、郑氏书院、伍氏书院、绿回书院、三愧书院、青钱书院、正经书院、肆江书院、渭滨书院、孔行书院、鹿鸣书院等，今多已不存在。

解放中路师好巷，原名师古巷，1966 年改为现名。巷内原有道南书院、三槐书院、

道南书院（2019年） 光塔街道办事处 提供

关氏书室、张家祠、邓家祠等。

道南书院原是杨氏宗祠。书院建筑坐北朝南，原占地 1069 平方米，大门是花岗岩石门夹，水磨青砖墙。上嵌“道南书院”石额。大门内为一明间，左右有次间。经过一条通道到中座，供奉杨时牌位。杨时是北宋福建将乐人，进士及第，朝廷调官不赴，投洛阳名儒程颢门下，研习理学。杨时南返时，程颢说：“吾道南矣。”这是道南书院名称的来源。杨时的后裔子孙称杨族堂号为“道南堂”。通道东侧房子的麻石门楣上，刻着“上洋、归善、赤冈、白石坡、榄洲”等字样。中座左右也有次间，石刻“瑚琳、吴川、化州、中山杨氏”等字样。中座后有三进天井、屏风，左右有理事房和值事房。北墙外为起云里，东墙外为三槐巷。中座西边有两条小巷，西座石刻“阳春、乳源、罗定、信宜、石城”等字样。

三槐书院 三槐书院与道南书院一墙之隔，原为王氏宗祠，始建于清乾隆四十二年（1777）。三槐王氏奉北宋王祐为始祖。王祐，大名莘人，官拜兵部侍郎，曾于宅前手植槐树三棵，并说过：“吾子孙必有为三公者。”他的儿子王旦在宋真宗时果然做了宰相。三公指太师、太傅、太保，是周代三种最高官职，后人用三槐比喻三公，为三公宰辅官位的象征。

三槐书院为砖木结构建筑，青砖墙，琉璃瓦，三间三进布局。门前的“三槐书院”匾额，虽然保存了下来，但由于长期作为民居，房屋结构已有很多改变，一进加盖一层楼房。三槐书院与骆氏书院（现为回民小学操场）相邻，在三槐书院里有一块刻着“王骆共墙”四字的麻石，是昔日街坊邻里和睦相处的见证。

“三槐书院”匾额（2019年） 光塔街道办事处 提供

广州同文馆　位于朝天街（今朝天路）。清末开展洋务运动，同治元年（1862），北京设立京师同文馆，培养外国语翻译人才。翌年，两广总督毛鸿宾奏准依照京沪创办广州同文馆（又称广方言馆）。从同治二年（1863）开始筹办，同治三年（1864）六月正式开学，设于城西朝天街（今朝天路 81 号）。广州同文馆是继京师同文馆、上海同文馆后，中国第三所同文馆，也是广州乃至广东历史上最早的外语学校。

广州同文馆设立提调一员，由广州将军在协领各员内遴派充当。另设馆长 2 人，旗员用防御，汉人用佐杂，管理馆务。请汉人教习 1 人，西洋教习 1 人，一般在粤海关职员中选拔通算学、熟西学者。每日上午、中午、下午由西洋教习训课，早晚则由汉人教习训课。课程包括天文、地理、算学、化学、万国公法、医学生理、天文、物理等。同时学习满文，除学习英文外，还学习经史大义。另添设背书分教习 1 人，由广州将军在驻防文生员内选派赴馆。学制为 3 年，每年甄别 1 次，不通晓西洋语言文字的，会被撤换。

广州同文馆学生名额设为 20 名，其中旗人 16 名、汉人 4 名，年龄为 20 周岁以下

清末广州同文馆师生在将军府合照　　叶曙明　提供

朝天小学内的三株菩提古榕树（2019年） 光塔街道办事处 提供

14 岁周岁以上，多拣选世家子弟中的聪慧者送馆学习。同文馆学生由乡绅保举，先挑选 20 名入馆，再挑选 20 名存档，以备有变故时依次替补。清光绪五年（1879），广州同文馆增设法文馆、德文馆，每馆招收学生 10 人。后又增设东语（日文）馆、俄语馆，学制延至 8 年。广州同文馆培养了包括蔡锡勇、那三、左秉隆、毛殿龄、贾文燕、杨佑、崔永平、傅清瑞、张天元、金殿勋、贾文铨在内的一批外语和外交人才，推动了中外文化交流。

光绪三十一年（1905）同文馆改称译学馆；翌年改为满汉八旗高等小学；1911 年改为粤城高等小学；1924 年，改名为广州市第三高等小学；1926 年改名为广州市立第五十三小学；1945 年改名为广州市立第一小学；1949 年改名为惠福区中心小学；1954 年改名为北区中心小学；1957 年改名为解放中街第一小学；1962 年改名为朝天路小学；1978 年，因朝天路改名为朝阳路，学校亦随之改名为朝阳路小学；1983 年，随着朝天路名的恢复，学校名称亦改回朝天路小学；1992 年改名为朝天小学。1994 年被评为广东省一级学校。

同文馆的遗迹，现仅存朝天小学内的三株受到保护的菩提古榕树，其树龄分别为 215 年、232 年、268 年。

广东国民大学第二校舍旧址 1925 年 9 月，由学者陈其瑗、卢颂芳、张景耀、祁士恭、霍共若、叶启芳等人，共同创办广东国民大学，校址设于广州东山庙前西街，分大学、中学及专科三个部分。设有中文系、政治学系、经济学系及商学系，共有本科学生 136 人。另设英文专修科，学生 22 人，附属高中部，学生 91 人。其后在多宝路租借原时敏学校校址建筑新校舍，并利用惠福西路原广东铁路学校旧址增设分教处。时敏学堂为大学部，称第一学院，高中部附设于第一学院，惠福西路校舍则改办初中部。

1927 年秋，惠福西路原业主决定将校舍公开出售，当时学校财匮力绌，无力承买。后得教职人员主动集资，倾囊相助，以惠福公司名义向业主买下楼宇，无条件借给学校使用。惠福西路校舍，称为第二学院。

1928 年春，广东国民大学筹款向惠福公司购回校地，并购下原英文学校旧址，把前座从二层加建为三层。另购置了一批民房，拆后新建一座四层高、建筑面积 3000 多平方米的新楼，命名为“华侨纪念堂”。对原图书馆、实验室均进行了扩建，更新设备，又专辟一个篮球场，使学生的生活、学习环境得到较大的改善。暑假后，工程完成，高中部迁回惠福西路第二学院。自此，荔枝湾第一学院和惠福西路第二学院均为广东国民大学自置校产。

广东国民大学第二校舍旧址（2019年） 光塔街道办事处 提供

日军侵华广州沦陷时期（1938.10.21—1945.8.15），广东国民大学辗转迁往开平、粤北等地，中学部则迁往台山、香港、曲江等地。惠福西路校舍被市立师范占用。抗战结束后，广东国民大学逐步收回校舍。1951 年，广东国民大学与私立广州大学、文化大学、广州法学院合并，组成华南联合大学。第二校舍归广东省人民医院惠福分院使用。

现存惠福西路的第二校舍，位于惠福西路 145 号，是一幢三层半高洋楼，占地 100 多平方米，主建筑向外突出为骑楼式，三开间四根方式柱。在中间两根方形柱的旁边，有两根粗大的爱奥尼克柱贯通到二楼檐部，承托着三角形窗檐。2014 年，广东国民大学第二校舍被列入广州市第一批历史建筑名单。

中国劳动组合书记部南方分部旧址　位于解放中路玉华坊玉华中约 3 号之二。1921 年，中国共产党成立后，中共中央政治局在上海成立中国劳动组合书记部（中华全国总工会前身），作为工人运动的领导机构。同年 8 月，中国劳动组合书记部南方分部在广州成立，谭平山、冯菊坡先后兼任南方分部主任。分部的主要工作是在工人中开展宣传教育，改组旧工会，建立新工会，领导工人运动，以及受中国劳动组合书记部委托，负责在广州召开的第一次全国劳动大会筹备工作。1922 年 9 月，南方分部在该部二楼设立爱群通讯社，并出版了《星期报》。1922 年 10 月，发动 109 个工会，通电拥护中国劳动组合书记部提出的《劳动法大纲》，响应劳动立法运动，吁请政府立即颁布执行。

1922 年 5 月 1 日，第一次全国劳动大会在广州召开。1923 年 2 月，广东工会联合会成立，劳动组合书记部南方分部和该部出版的《星期报》同时宣告结束，另办《劳动周报》。1925 年 5 月 1 日，中国劳动组合书记部在广州召开第二次全国劳动大会，决定成立中华全国总工会，取代中国劳动组合书记部。

劳动组合书记部南方分部旧址是一幢三层半的砖木结构建筑，坐北朝南，楼顶前部为天台，后部为金字瓦顶，长 12 米、宽 4 米，每层面积 48 平方米。2008 年 12 月被列入广州市文物保护单位。

广州公社旧址　位于广州起义路 200 号之一，今为广州起义纪念馆。原址为明代指挥都司署、清代督粮道署。清光绪二十九年（1903），广东巡警总局成立。光绪三十一年（1905），广东督粮道裁撤，巡警总局迁到旧督粮道署。光绪三十四年（1908），巡警总局改组为广东巡警道，专管全省警务，诸如巡警、消防、户籍、营缮、卫生等。辛亥革命后，大清倾覆，民国肇创，改巡警道为警察厅，兼办消防事务，隶于省政府，仍在原址办公。1918 年创办市政，废警察厅，改为公安局，直隶市政厅。1920 年开通维新

广州起义纪念馆（2019年）　　光塔街道办事处　提供

路（今广州起义路），公安局进行了修葺改建，大门对着新开的马路。1930 年公安局改组为广东省会公安局，隶属省政府。

1927 年 12 月，中国共产党在广州组织起义，成立中国第一个城市苏维埃政权——广州苏维埃政府，后称“广州公社”，以原国民政府广东省会公安局为办公地。中华人民共和国成立后，广州市公安局仍在此办公。1956 年，市政府把南楼辟为广州起义陈列室，但不对外开放。1987 年，广州市公安局向文物部门移交南楼、中楼及门楼等建筑，政府进行了维修复原，设立广州起义纪念馆，由叶剑英题写“广州公社旧址”。2005 年年底，广州市公安局再向文物部门移交余下的北楼和拘留所。2006 年开始修葺纪念馆，2007 年重新开放。

广州起义纪念馆大门楼面阔三间，进深一间，横跨于人行道上。正面明间顶部饰山花及波浪纹饰，两次间为券柱式。大院总面积 5992 平方米，内有张太雷、苏兆征、叶挺、叶剑英、陈郁、彭湃、杨殷、恽代英、周文雍 9 座广州起义领导人的汉白玉石雕像供广大市民瞻仰。旧址共有三幢砖木结构楼房，分为“广州苏维埃政府办公楼”“工农红军指挥部”“警卫连连部和库房”“拘留所”四大部分。

大门内中楼坐东向西，碌灰筒瓦，红砖砌墙，木框玻璃门窗。房子呈凹字形，为混合结构的两层建筑，面积 910 平方米，是革命军事委员会和广州苏维埃领导人张太雷、黄平、叶挺、叶剑英、周文雍等人的办公室。现辟为陈列室，展出广州起义文物、图片、模型、绘画等两百多件。北面是起义总指挥部办公楼，坐北朝南，为混合结构的两层楼房，面积 400 平方米，一楼为会议室，二楼为总指挥叶挺、副总指挥叶剑英、参谋长徐光英及聂荣臻等人的作战指挥室。南面是一幢坐南朝北、混合结构的三层楼房，面积 207 平方米，为警卫连宿舍和军械、物资仓库。办公楼东北角有一幢二层混合结构建筑，面积 824 平方米，为苏维埃政府关押国民党政权人员的拘留所。

1961 年 3 月，广州起义总指挥部旧址被国务院公布为全国重点文物保护单位。2016 年 12 月，广州起义纪念馆入选中华人民共和国国家发展和改革委员会公布的《全国红色旅游景点景区名录》。

达保罗医院旧址　位于官禄路（今观绿路）。清光绪二十八年（1902），由美籍医生达保罗所创立。达保罗受美国长老会派遣到广东，在博济医院（今中山大学孙逸仙纪念医院）担任内外科医生。1928 年，达保罗在惠福路妇孺医院设立达保罗医务所。1933 年医务所迁至官禄路（今观绿路），更名为达保罗医院。

医院占地面积为 3811 平方米，主体建筑分前后两座，均是钢筋混凝土建筑，前座为二层高楼房，为医院门诊、药房与办公大楼；后座为四层高的留医楼。中有花园相隔，还有一处小果园。环境幽雅，内部设施先进。求诊者以名流缙绅、富商大贾居多。

达保罗医院旧址（2019年）

儿童医院红楼（2019年）

1952年，达保罗医院被政府接管，改为广州市立医院小儿科；1953年8月，与广州方便医院儿科合并，改名广州市人民医院儿科住院部；同年8月，改为广州市儿童医院，为广东省首家综合性的小儿专科医院。

20世纪80年代，医院前座被拆除，改建为门诊大楼。后座则保留下来，即今广州市儿童医院3号楼，因以清水红砖砌墙，俗称“红楼”，现为医院行政办公楼。一楼地面比民国时期升高约0.4米，二、三、四楼均有琉璃绿瓦屋檐，每层檐脊四角均饰以瑞兽螭吻，瓦当上有“延年益寿”字样，滴水瓦以花纹作饰，下设斗拱构件，古色古香，精巧细致。“文化大革命”期间，螭吻和飞檐装饰受到严重破坏。天台阁楼以中国传统的琉璃瓦龙吻兽为饰，与西洋风格的老虎窗相映衬，和谐美观。

2014年，达保罗医院旧址被列入广州市第一批历史建筑名单。

基督教锡安堂　位于人民中路392号。清光绪二十七年（1901），旅美华人美以美会牧师余锡生回国兴建基督教堂，最初选址在油栏门（今海珠南路盐亭街），购买一家商铺改作聚会处所，时称“广东美以美会油栏门福音堂”。经牧师余锡生和几位归侨信徒的艰苦创业，信众日渐增多，从最初的几十人发展到一百多人。不久教堂失火焚毁，迁到西濠二马路兴建新堂。由于信众日多，聚会场地愈来愈显狭窄。1935年，牧师余锡生在西瓜园附近（今人民中路）筹建新堂。1936年2月，新堂落成，取名“锡安堂”，意为“上帝圣殿”。

广州锡安堂是广东美以美会的总堂。日本侵略者侵华时期，广州沦陷，教友星散各地，但牧师罗德谦一直留守锡安堂。

1948年，牧师胡翼云继罗德谦之后任堂主任，并有王勉予、甘爱心宣教师协理教务。其间，牧师胡翼云带领一众传道人和热心信徒，完善教会设施，投身社会服务。锡安堂亦做了修葺扩建，在堂后兴建牧师楼，作为教职人员宿舍，又在今副堂之处开设社会服务处，开办锡安小学和平民夜校，同时承办儿童救济工作。此外，还开设医疗门诊部，对社会开放，施医赠药，使教会附近居民得益。

美以美会锡安堂和三间友堂加入中华基督教会广东协会后，锡安堂改称“中华基督教会锡安堂”。1949年以后，锡安堂参加基督教三自爱国运动。1960年，广州教会大联合，中华基督教会锡安堂、七株榕堂、万善堂、礼贤会的大德堂、广州基督徒聚会处、救世军西华堂等堂点实现联合。“文化大革命”时期，宗教活动被迫停止，教堂亦被其他单位占用。

锡安堂（2019年） 光塔街道办事处 提供

1980 年 9 月 21 日，锡安堂恢复礼拜聚会。在广州市政府宗教部门的协调推动下，锡安堂陆续分批收回被占的教堂房产。由于经历七十多年的岁月消磨，教堂建筑已显破旧，不少瓦面脱落，房顶霉烂，门窗损坏。1997 年，锡安堂开始启动修葺改建工程。2002 年 6 月交付使用，建筑面积达 1000 多平方米，共四层。2002 年 12 月 15 日，主堂也修建完成并交付使用。至此，新副堂的建造、主堂的重修、外围环境的绿化美化三期工程全部完成。

锡安堂占地面积 1930.91 平方米，建筑面积 1865.95 平方米。正门在人民中路，次门在莲花巷。正门内为主堂，后面有一个庭园，作为信徒的活动区域，庭园后为牧师楼。从莲花巷次门进入即为副堂，两侧为教友交流休息区。主堂、副堂与牧师楼之间，形成一曲尺形，以庭园与走廊相连接。

主堂的外立面结构对称，有垂直的线条与大尺度玻璃窗，具有哥特式建筑的特点。而红砖绿瓦和中式仿古屋檐，又融入中国传统建筑元素，二者形成鲜明对比。锡安堂内的庭院设计也体现出中西文化结合的风格，有岭南园林中常见的景墙与翘角亭，以及参差错落的花卉植物。

锡安堂多次被广州市民族宗教事务局评为“广州市文明宗教活动场所”“广州市模范活动宗教场所”，被广东省民族宗教事务委员会评为“创建和谐寺观教堂活动达标场所”。

基督教光孝堂　位于光孝路 29 号。清同治十一年（1872），旅美华侨自筹资金在三藩市建立伯大尼大礼拜堂。清光绪十二年（1886），组建中华纲纪慎自理传道会，推举黄瑞堂、邝广德为董事，负责筹措传道会基金，每月由信徒捐献，光绪二十年（1894）传道会委托黄、邝两位董事携款回广州，在十八甫购置屋业设立宣道堂。光绪二十三年（1897），宣道堂改作“星导书楼”，楼内置有西方各种社会及自然科学与基督教图书，供人浏览。后因信徒增多，堂舍狭小，遂在光孝路购地，由留美回粤的传道会总干事谭沃心主持筹建新堂。

1921 年 12 月，光孝堂奠基，历时三年，耗资七万元毫银，1924 年 11 月 11 日落成。后因加入中华基督教会广东协会，取名“中华基督教会光孝堂”。曾举办过正光小学、幼儿园和各种短期民众教育等公益事业。四楼设星导书楼借以纪念先贤创业精神，承前启后，为群众服务。1958 年以后，广州各礼拜堂实行联合礼拜，中华基督教会的中华堂、西村堂、仁济堂以及信义会海珠堂被并入该堂。

光孝堂（2019年） 光塔街道办事处 提供

光孝堂建筑以木构架结构为主，坐西朝东，总面积1470平方米，楼高5层，高26.7米、长35米、宽23米，堂体宽敞。三楼正面是一个巨大的玫瑰花形彩色圆窗，直径5米，绚丽夺目。南、北两边建有塔形钟楼，塔顶和周围用琉璃瓦装饰，屋顶举折和屋面起翘、出翘，屋脊两端都加上适当的雕饰。又以丹红装饰柱子、梁架，或在斗拱梁、枋等处绘制彩画；堂内多采用白墙和栗、黑、墨绿等色的梁柱。整座建筑融西方哥特式风格与中国传统风格于一体。

“文化大革命”期间，光孝堂被信诚旧货商店占用，宗教活动停止。“文化大革命”结束后恢复宗教活动，1984年年底房产发还教会管理，1985—1990年作为广州市基督教协会、基督教三自爱国运动委员会临时会所，1988年光孝堂恢复为开放堂。1989年基督教协会成立修建小组，由牧师王勉予担任组长，筹措资金，申请重建。在得到政府有关部门批准后，该堂原主任、牧师翁瑞光，代表香港中华基督教会公理堂捐赠港币100万元；1991年2月，开始大修；同年11月24日，正式复堂。修葺后的光孝堂，一楼部分办幼儿园，大堂和三楼半层可容1200名信徒聚会；四楼设星导书楼。

1999年，光孝堂被广州市政府评为“文明宗教场所”；2008年12月，光孝堂被广

张发奎故居（2019年）　　光塔街道办事处　提供

州市政府列为广州市文物保护单位。

张发奎故居　张发奎曾任孙中山侍卫，参加国民革命军东征，北伐时期任国民革命军第四军第十二师师长。

故居位于朝天路崔府街孝友东街2号，占地面积46平方米，是一幢两层的砖木混凝土结构楼房，坐北朝南，面阔5.12米，深9米，第二层前面有阳台，楼顶有天台。外观与内部结构基本保持原貌。

故居有两个门牌，2号门牌归张氏家族后人居住，4号门牌曾作为向华纪念馆馆址及志锐中学校友会会址（现均不存）。志锐中学是以国民革命军第四军已故师长许志锐名字命名，主要招收第四军及第四战区所属各部子弟、抗日战争中的难童。由张发奎任名誉董事长，原国民革命军第四军军长欧震任董事长，原国民革命军第四军将领、时任广东省政府主席李汉魂任副董事长，并由原国民革命军第四军将领吴奇伟等人任董事，张天爵任校长。

20世纪90年代，其夫人刘景容将张发奎故居捐给国家。2002年9月，广州市人民政府公布其为登记保护文物单位。

骑楼街　位于光塔街范围内的人民中路、解放中路、中山五路、中山六路、海珠中路等马路，均为骑楼街。

骑楼，是一种近代商住建筑，具有浓厚华南特色。建筑物底层一楼临近街道的部分沿街面后退，留出公共人行空间，建成行人走廊。走廊上方为二楼的楼层，犹如二楼“骑”在一楼之上，所以称为“骑楼”。骑楼普遍存在于南亚、东南亚各国以及我国的广东、广西、海南、福建等沿海侨乡地区。

1911年辛亥革命后，广州军政府颁布《广东省城警察厅现行取缔建筑章程及施行细则》，要求“凡堤岸及各马路建造屋铺，均应在自置私地内，留宽八尺建造有脚骑楼，以利交通之用”。1918年又颁布《临时取缔建筑章程》和《建筑骑楼简章》，对广州的马路和建筑进行全面规划。1921年，政府公布《广州市促进马路两旁空地骑楼地建筑规程》，进一步规定修筑马路时必须预留空地用来兴建骑楼。1930年，广州开始大规模兴建骑楼。

中山六路是广州古城横贯东西的主干道，沿路骑楼兴建于20世纪30年代，建筑风格既有仿哥特式、中国传统式，也有南洋式和古罗马券廊式。仿哥特式有垂直线条和拉长的拱形窗；中国传统式延续了我国南方传统民居的特点，底层沿街挑出，长廊跨越人

中山六路骑楼街（2019年）　　光塔街道办事处　提供

行道沿街布置，正面墙上并排开两至三扇窗户；南洋式是东南亚地区特有的形式，即在女儿墙上开有一个或多个圆形或其他形状的洞口，原是为防止台风袭击，后形成独特的建筑艺术形态；古罗马券廊式券心处为漩涡状装饰，风格雄伟，线条明朗而细部丰富，简化版的罗马柱式罗马风格更为浓郁。

20世纪90年代以来，由于城市开发建设需要拓宽马路和兴建楼宇，中山六路北侧的骑楼大部分被拆除，造成某些地段失去连贯性，但马路南侧的骑楼保留仍较为完整，具有质量优良、风格和谐、特征鲜明、尺度适中的特点，是典型的原生骑楼。根据建筑的风貌特征和历史价值分类，中山六路的骑楼有68%属历史建筑，须“现状保留，严格保护”。2012年公布的《广州市中山六路骑楼街保护规划》，把长达530米的骑楼建筑列为核心保护段。2014年公布的《广州历史文化名城保护规划》，把中山六路列为一类骑楼街，即风貌良好、连续、原生、建筑质量较好的传统骑楼街。2018年，广州市首个针对骑楼街保护的法定规划《广州市骑楼街保护利用规划》公布实施，重点保护骑楼街格局脉络和传统骑楼建筑，挖掘和保育代表性文化特色。中山六路29～43号（单号）骑楼，被列入广州市第五批历史建筑名单。

在人民中路（光塔街地段）、海珠中路、惠福西路、朝天路亦保存部分骑楼建筑。人民中路、海珠中路被《广州历史文化名城保护规划》列为二类骑楼街，即骑楼建筑局部连续，但风貌与建筑质量一般，部分骑楼精美华丽，但较为零星，缺乏完整性的骑楼街。根据对历史建筑的保护要求，该类建筑立面不得改变，应保护并修缮骑楼立面，维持骑楼门窗的传统比例，拆除不当加建或改建，整治外接管线等，在保护历史风貌和价值要素的前提下，鼓励活化利用。

海珠中路113号骑楼，即为此类建筑之代表。其外墙采用意大利批荡，楼梯间天窗、二楼阳台的拱券窗洞、彩色玻璃窗花、檐部、山花，以及楼梯栏杆、石刻、墙线等，均富有特色，体现了民国时期海珠中路的建筑特点。2014年，该骑楼建筑被列入广州市第一批历史建筑名单，受保护面积109平方米。

惠福西路106号是一幢单体的骑楼建筑，建于20世纪30年代。屋主是留洋工程师、设计师。楼高四层，坐南朝北，清水红砖墙（今已改为米黄色），地基岩石由西樵山一块块运到广州。窗框、大门、楼梯扶手均为坤甸木。前座为四角攒尖顶，绿琉璃瓦。后座为斜面硬山顶，碌灰筒瓦。

金城巷（2019年）　　光塔街道办事处　提供

民国民居建筑　分布在诗书路、晚红新街、观绿路、纸行路通宁道、光孝路等，多数房屋结构坚固，保存完好，可以正常居住使用，从房屋的形态可见民国初期广州城市民居建筑风貌。

金城巷洋楼群是典型代表之一。20 世纪 20 年代，台山籍归国华侨伍时濯与朋友合资成立金城置业公司，在米市路兴建 12 幢洋楼，以金城巷命名其所在地。金城巷长 75 米，巷口向东。巷内洋楼皆为二层至三层砖木建构，风格统一，形成一组“凹”字形的建筑群。每幢楼房宽 10 米，长 12.5 米，建筑群总占地面积 876 平方米。门前为 3.35 米宽的水泥路面，红砖墙石脚，二楼阳台出挑，楼内有木楼梯通二楼，大部分窗子都是木框架玻璃花窗，镶有华丽的铁窗花。金城巷早期居民大部分是归国华侨，每幢两户人家（一层一户），只有 12 号全幢洋楼是一幢一户，原是伍时濯一家居住。

1932 年，建中山六路 76 号，是一幢三层高的钢筋混凝土结构建筑，坐北朝南，外观设计繁复华丽，具有欧洲建筑风格。水刷石外墙，中部的门廊突出于正立面之外，带有圆形阳台，与山花构成一个整体。门廊施罗马柱式，二楼阳台的罗马柱直通三楼檐部，比例匀称精巧。

金城巷民居（2019年）　　光塔街道办事处　提供

海珠中路162、164、166号民居是一幢三门连排的三层楼房，坐东朝西，红砖砌墙。中间大门上有三角形门楣，屋顶有三角形山花，三楼有三个并排阳台出挑。海珠中路151号、153号与162号、164号、166号民居隔街相对，坐西朝东，同样是红砖砌墙，三楼有阳台出挑。二者设计风格相似，简洁明快，是西式集合民居的代表之作。

中山六路玛瑙巷53号是前国民革命军第十九路军后勤军需处长苏鸣一的旧居。玛瑙巷51～53号均为苏鸣一所置物业，最早建于1929年。现存53号是一幢具有欧洲新古典主义风格的住宅，大门设有山花与拱券，在单层平屋顶的女儿墙上，建有一排宝瓶围

中山六路76号民居（2019年）

海珠中路民居（2019年）　　　光塔街道办事处　提供

苏鸣一故居（2019年）　　　光塔街道办事处　提供

栏，中庭有一个小花园，后面有一个月亮门。右侧是主人起居间，门顶匾额书有“怀荆室”三字，表达了苏鸣一对亡妻的眷恋悼念之情。

观绿路上有不少保存下来的民国老民居。1931 年，一批华侨集资收购观绿路上的一处私家花园——晚红园，用来兴建八栋三层混合结构的住宅楼，命名为“晚红新街”。道路中间设有花坛，楼房排于两侧，一律红砖外墙，明口勾缝，每层都是一梯两户，每户使用面积在八九十平方米。结构规整，环境幽雅，是 20 世纪 30 年代具代表性的建筑，被誉为广州最早的城市花园住宅小区。还有一条被称作观绿新街，沿街几乎全是联排的西式建筑。从 15 号到 33 号都是风格统一的三层并联西式住宅，二楼的窗户下都有装饰图案，三楼有出挑的小阳台，外墙有贯通各层的竖形条形装饰，颇具哥特式建筑风格。

观绿路历史民居标识（2019年）

纸行路、诗书路也现存不少民国时期的民居建筑，1924 年，梅氏业主建大德新街，多为两三层的民居，因在大德路旁而得名。永发新街是 20 世纪 20 年代因冯永发独资兴建楼房而得名。乐安坊是 20 世纪 20 年代由孙东购地兴建，因孙氏的“乐安堂”而得名。同一时期兴建的还有同发新街。1933 年至 1934 年，由侨资组成的“广华置业公司”，在观绿路北侧兴建三层混合结构楼房，并辟出一条街道，命名为广华道。同一时期兴建的西式民居建筑，还有永禄新街等。1946 年，位于诗书路，由香港商人兴建的金陵台、妙高台，均为园林化的住宅，新颖美观。20 世纪 50 年代，粤剧名家薛觉先曾在妙高台 4 号居住。

2013 年 6 月，金陵台 2 号、4 号，妙高台 1 号、3 号和诗书路 69 号、69—1 号、71 号被完全拆毁。政府介入此事，联合开发商复建诗书路 69 号、69—1 号和 71 号，并在全市进行地毯式的文化遗产线索普查，重点是建筑遗产，普查延续至 2015 年。其后,《广州市历史风貌区保护办法》《广州市第一批历史建筑名录》陆续公布。

观绿路“晚红新街”（2019年）

羊城八景

羊城八景首创于宋代，是反映当时广州主要景观的地点所在，记述着广州城市建设和发展。

自宋代始，历经元代、明代、清代，以及中华人民共和国成立后，广州均有评选羊城八景的传统。明代、清代，光塔街均有景观入选羊城八景。

明代是广州城继宋代以后又一次大发展时期，把东、西、中城区合为一城，并向北向南拓展。明代羊城八景有粤秀松涛、穗石洞天、番山云气、药洲春晓、琪林苏井、珠江晴澜、象山樵歌、荔湾渔唱。其中，位于今光塔街辖内的五仙观“穗石洞天”和玄妙观“琪林苏井”两个景观入选羊城八景。清代羊城八景，范围比明代广，分别有粤秀连峰、琶洲砥柱、五仙霞洞、孤兀禺山、镇海层楼、浮丘丹井、西樵云瀑、东海鱼珠。其中，与光塔街有关的五仙霞洞入选羊城八景之一。

明代穗石洞天 穗石洞天是指明初坡山的穗石洞，即今五仙观侧、坡山脚下的“仙人脚印”。清初《广州游览小志》记载：“五羊观在城中西南坡山上，有穗石洞、五仙祠。”《广东新语》称：“穗石洞在会城坡山之下。”坡山在惠福路北侧，甜水巷、米市街之间，由白垩纪红色砂岩所成，是低矮小丘，高五六丈，为晋代珠江边渡口。穗石洞实际为珠江水蚀出的两个直径近半米、深达 1.5 ~ 1.6 米的囊状（口小腹大）瓯穴，互相连接，犹如人的脚板底，因此被称作“仙人脚印”，旧称“仙人拇迹”，亦称“穗石”。“穗石洞天”一景说明了珠江江岸历史地貌的变迁，广州城一直在向南扩展深入珠江。

明代琪林苏井 琪林苏井是指明代的玄妙观。唐代，该观所在地建有开元寺，宋代改为天庆观；元、明时，称玄妙观；清代，又称元妙观。即位于今光孝路和海珠路之间的惠爱路北侧，现已改为小学。

天庆观重建 21 年后，即北宋元符三年（1100），苏东坡到广州城，寓居天庆观内，为观内的众妙堂写了篇《众妙堂记》，记述堂名的由来，后在古观的西庑开凿一口井泉，后人称之为“东坡井”，又称“苏井”。相传，在开凿井泉时得到一块石头，形状如龟，泉随之涌出，清冽程度不亚于光孝寺内的达摩泉，因而该井又名“东坡泉”“龟泉”“石龟泉”。井有地下水渗出，不是表层土中水，水质较好。玄妙观内古迹众多，明初重新修建，成为一方名观，被选为八景之一。

清代五仙霞洞 五仙霞洞指的是五仙观。晋代，大市街地有坡山古渡头，在今五仙观后。自唐代起，此地是繁华商业区，因此称为大市。宋代仍是商业区。明初《永乐大典》所附广州城图中，已绘有大市街。明代，街北有岭南第一楼、五仙观、坡山穗石洞。五仙观，是清代羊城八景之一“五仙霞洞”所在地，自明至清不衰。观内的景观有穗石洞、白莲池、佗泉，建筑有木牌楼、穗石亭、御风亭、仪门、五仙殿、玉皇殿、观音殿、关帝殿、三官殿、斗姥殿、金花殿等，是一处规模宏大的道教建筑群。仙人拇迹、石麒麟、大禁钟、仙人泥塑也都很吸引游人，又地处闹市，因而五仙观的游人络绎不绝。今除仙人泥塑外，大钟、庙门麒麟、仙人拇迹、岭南第一楼等仍存在，均已修缮并对外开放。

文博设施

南粤先贤馆　位于惠福西路233号，在五仙观西侧，为越秀区博物馆的常设展馆。2013年7月开工建设，2018年2月8日正式全面对外开放。总占地面积6243平方米，以人物组团和场景式互动项目为主要展览模式，分为古代先贤、近代先贤两大部分11个单元，集中展示从秦汉到辛亥革命时期56位影响全国、造福南粤的先贤。

南粤先贤馆序厅（2019年）　　越秀区博物馆　提供

在广州2230多年的城建历史上，南粤思想的山林由历代先贤开辟，岭南文化性格和岭南人文精神由他们铸就。进驻南粤先贤馆的先贤共计56人。其中古代先贤有赵佗、杨孚、葛洪、冼夫人、陈文玉、惠能、张九龄、韩愈、包拯、余靖、周敦颐、苏轼、崔与之、文天祥、丘濬、陈献章、湛若水、黄佐、海瑞、翁万达、袁崇焕、陈子壮、屈大均、陈恭尹、陈璸、阮元；近代先贤有林则徐、关天培、洪秀全、洪仁、张之洞、丁日昌、刘永福、邓世昌、冯子材、丘逢甲、张维屏、梁廷枏、朱次琦、陈澧、容闳、苏六朋、居巢、居廉、吴趼人、邹伯奇、詹天佑、冯如、陈启沅、张弼士、康有为、梁启超、黄遵宪、郑观应、朱执信、孙中山。

展馆采用视频、雕塑、声光电互动等装置，采用新颖的展示手法，融知识性、趣味性、互动性于一体，搭建起先贤人物与参观者在情感上的联系。其中，以高州木偶戏展现越族首领冼夫人的浩气英姿，以潮州木雕复原韩愈“韩江退鳄”奇事，在大榕树下用

南粤先贤馆秦至唐展区（2019年）

南粤先贤馆宋元时期展区（2019年）

南粤先贤馆中法战争与甲午战争展区（2019年）

南粤先贤馆辛亥革命展区场景（2017年）

粤语娓娓道来翁万达、袁崇焕、陈子壮等民族英雄铁血赤胆的传奇故事，赵佗、周敦颐的雕塑作品则获得“中国风·岭南情——广东省第二届雕塑大展”优秀作品奖。

南粤先贤馆集中纪念南粤先贤的突出贡献，展示南粤人文精神。先贤馆建设期间，得到社会各界的关注和支持。2015 年 12 月，广东省收藏家协会众藏家为先贤馆捐赠南粤先贤人物相关藏品百余件。

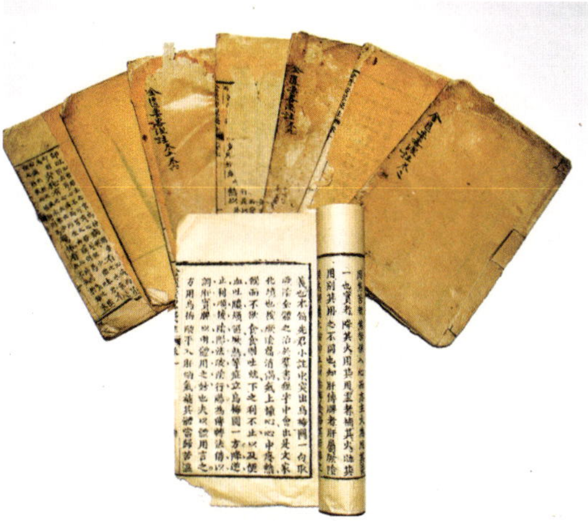

清代林则徐撰序、清代陈念祖撰《金匮要略浅注》（2015年）
越秀区博物馆　提供

广东省收藏家协会古籍连环画专委会捐赠的民国时期梁启超主持刊物《新民丛报汇编》（2015年）
越秀区博物馆　提供

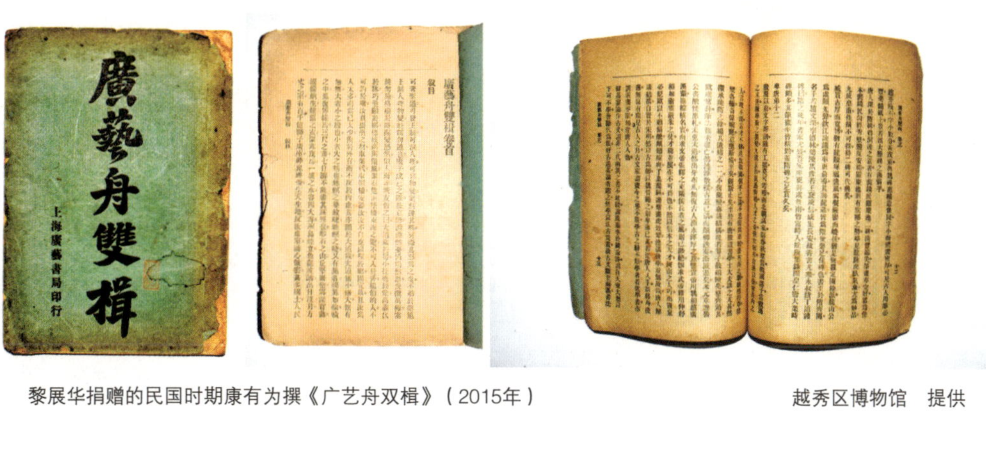

黎展华捐赠的民国时期康有为撰《广艺舟双楫》（2015年）　越秀区博物馆　提供

清张之洞四言楷书对联（2015年）　　越秀区博物馆　提供

越秀区博物馆

馆址位于惠福西路233号，包括全国重点文物保护单位五仙观及岭南第一楼、常设展馆南粤先贤馆，以收藏、研究、展示为主要功能，以弘扬和传承广府文化为主要任务。

历史沿革 越秀区博物馆成立于1999年，是广州市较早成立的地区性历史文化类博物馆之一。2012年5月18日起，越秀区博物馆正式对外免费开放。2013年3月，五仙观及岭南第一楼被国务院公布为第七批全国重点文物保护单位。2013年7月起，位于五仙观西侧的一个展馆——南粤先贤馆开工建设，2018年2月8日正式全面对外开放。2018年9月，越秀区博物馆获“国家三级博物馆”称号。

展览陈列 2010年，越秀区博物馆在五仙观打造广府文化展示平台，设计并制作3个有关广府文化的基本陈列，改变越秀区博物馆没有基本陈列的历史。其中，“千年城事”位于五仙观西斋展厅，浓缩展示广州2000多年的城建发展史，并介绍广州历史悠久的宗教文化、建筑文化、商贸文化以及传统民间工艺的发展历程。“千年花事”位于五仙观东斋展厅，从民俗传统、历史典故到花卉品种等陈列，展示花城广州与花的历史渊源。在这里，观众可以从视、听等方式领略广州及岭南地区的“花文化”。“千年古渡”位于五仙观荷花池长廊，展示昔日坡山古渡繁荣的商贸景象。南粤先贤馆常设展览“南粤先贤展”，与五仙观的常设展览“千年城事”“千年花事”“千年古渡”共同组成越秀区博物馆的基本陈列，形成以先贤纪念与广府文化展示为特色的基本陈列体系。

越秀区博物馆定期组织策划文物、非物质文化遗产等原创性展览，如“三雕一彩一

汉弦纹灰陶双铺首壶（2014年）
越秀区博物馆 提供

清豆青釉青花夹紫“一路连科”净水缸（2014年）
越秀区博物馆 提供

绣”展览、“南粤先贤馆建设工程考古成果展”、“吉羊·吉祥——羊城羊文化主题展”、“巧手绘万物——广彩艺术传承展”等。根据自身发展定位，以打造亲民博物馆为目标，与社会团体、院校、著名文艺家合作举办“泥韵·流变——新老广州民生百态雕塑展”“小火花·老故事——广州火花历史回顾展”“家在越秀——廖伟彪、张华安书画联展”“印证百家姓——袁松风‘百家姓’系列篆刻展”“云迹仙踪书画展”“南粤先贤画像作品展”“南粤先贤题咏作品书法展”“传承·创新——广州美术学院纪念肖像雕塑作品展”“越秀百咏——新广府竹枝词大赛获奖作品书画展”“故土风情——万兆泉、万兆元雕塑作品展”等馆内临时展览。

特色宣教 自开馆以来，越秀区博物馆先后举办或承办多个大型文化活动，如承办“迎亚运·庆元宵”民俗文化宣传日活动、“广府文化系列宣传活动”以及广府庙会五仙观分会场活动等。2004年起，越秀区博物馆举办“越秀古坛”，邀请讲古大师颜志图等人定期在五仙观广场开展粤语讲古活动。每年定期出版《越秀文博》交流刊物，宣传博物馆最新动态和文博信息。开通微信公众号，加强宣教功能，拓展展示手段，适应信息化时代的需要。2014年起，越秀区博物馆以传统民俗节日、纪念南粤先贤为主题，开展各种不同形式的亲子体验活动，策划举办“苏轼邀月·贺中秋创意灯笼活动”“明心见性绘菩提禅修叶艺小课堂”“韩香墨舞·愈你相遇——趣味书法”“‘微植方略’微型植物景观DIY——国父心中的绿色世界”“微型火车掌上行——微型火车立体拼图”“见贤思齐小画家——纪念岭南画家居廉”等亲子手工活动。围绕“广府庙会，幸福相约”主题，组织“传承广府情·体验新年味”系列活动，包括举办献穗祈福、元宵灯谜、闯关游园、新春贺卡、绘福对联、佛山木版年画制作体验等形式各异的趣味活动，让公众在新春节日领略广府文化的独特魅力与韵味之美。在传统节日组织举办“‘粽’情端午·礼敬先贤”——端午节庆活动、“羊城祖庙里做灯笼，体验传统中秋佳节”、“携风邀明月，彩墨绘‘团’圆”——中秋创意团扇活动、“佳节又重阳，孝‘萸’寄安康”——重阳节茱萸花心意卡活动等。2014—2018年，设计制作《考古越秀》《南粤先贤——教育篇》《南粤先贤——廉政篇》《全国第一次可移动文物普查图片》等图文展板，在中小学校、街道社区等进行巡回展览。同时，设计制作“越秀商业史话图片展”“落日余晖——日渐式微的广州街头老行当图片展”在五仙观广场展出。

藏品征集 越秀区博物馆自建馆以来，广泛搜集，精心鉴选各类实物，将其中能够反映五羊五仙传说、越秀区域历史、广府文化精髓的具有历史、科学或艺术价值的代表

明洪武十一年（1378）的青铜大钟（2012年）
越秀区博物馆　提供

清黄炎绢本设色《临湖论艺》图轴（2014年）
越秀区博物馆　提供

清红木嵌大理石琴棋书画纹罗汉床（2015年）
越秀区博物馆　提供

民国时期“杜福兴造”木鱼（2015年）
越秀区博物馆　提供

性、典型性实物入藏。截至 2018 年 12 月底，越秀区博物馆共有藏品 4379 件（套），涵盖陶器、瓷器、钱币、碑刻、建筑构件、近现代民俗文物、书画、书籍文件等多种类型。至 2018 年年底，越秀区博物馆现有经广东省文物鉴定站专家鉴定的珍贵文物 21 件。其中，一级文物有明代青铜大钟，二级文物有北宋政和四年（1114）《广州重修五仙祠碑记》石碑，三级文物有汉代弦纹双铺首灰陶壶、宋代青白釉执壶、元代龙泉窑菊瓣纹碗、清代豆青青花夹紫“一鹭莲科”净水缸、清代黄炎绢本设色临湖论艺图轴、清道光二十五年（1845）奕湘撰《重修五仙观碑文》石碑、清嘉庆十七年（1812）《南海五仙观碑记》石碑等 19 件。另外，还有珍藏的陶瓷、钱币、广府民居建筑构件、书画作品、著作等 3216 件（套）。

广州满族文化陈列馆 位于海珠中路 123 号二楼，于 2013 年建立。是广州市满族历史文化研究会与街道（社区）开展共建民族团结进步创建活动的成果，是广州市少数民族“微型博物馆”，为广州市民族团结进步创建工作增添了亮点。该馆布局巧妙、设

广州满族文化陈列馆（2019年）

计精心，浓缩展示出广州满族在广州200多年中各个历史时期的历史文化，陈列有反映满族人民生活习俗的实物80多件，反映广州满族历史和社团工作、活动的图片106张，介绍中国满族文化和广州满族习俗的展板10组，以及各种书籍、文本、家谱、器具、字画等上百种。

该馆分图片文字和实物展示两部分。图片区分3大块，《羊城沧桑话满洲》简要介绍了广州满族当年的历史概况、社会背景和生活环境，展示了当年“满洲八旗分驻地段”的地图；《一唱雄鸡天下白》介绍了广州满族10多位在各条战线的杰出代表人物和广大族胞的精神风采；《广州市满族历史文化研究会》展示了满研会3个工作平台（观音楼、满族小学和满族坟场），介绍了满研会10多项日常工作和活动。实物展区共有11个展柜。柜门镌刻“海东青（鹰）”的图案，展柜背板是彩色“满洲窗”，陈列了满族人民日常生活用品、民俗风情实物、食品服饰鞋帽等，小至骨针、酸汤子套，大至悠车（摇篮）、旗袍、索伦杆、樟木箱。有南方人鲜见的“养个孩子吊起来”的悠车，冰天雪地里穿的“靰鞡鞋”，猪羊骨头做的“嘎啦哈”；也有祖宗袋、蟋蟀盆、枕头顶、洗衣棰子和陶瓷枕头、帽筒等。还有广州满族家族谱，记载广州满洲八旗的文献，历届满研会（联谊会）编写、出版的书刊。

陈列馆内有一面墙保留着记载1935年重修观音楼概况的石刻，与之相对处有一尊观音坐像，观音楼之名来源于此。这两件物品是“镇馆之宝”。陈列馆还展出12幅名人字画。

民族文化展示中心 位于进步里35号1楼。光塔街是一个多民族聚居、社区民族宗教特色浓郁的街道社区。辖内聚居有回族、满族、黎族、苗族、壮族、瑶族、侗族、蒙古族、土家族、维吾尔族等20多个少数民族，其中以回族、满族两族定居最早，人数最多。少数民族户籍人口近千人，少数民族流动人口600多人。民族文化展示中心采用汉族“中国结”幕墙和回族、满族风情特色立柱装饰，营造

光塔街民族民俗文化博物馆（2019年）

民族文化展示中心（2019年）

出多民族、多文化融合发展的氛围，搭建起社区民族文化交流平台，为辖区少数民族居民群众提供民族民俗文化展示、民族艺术表演、图书阅览及舞蹈健身等服务。作为光塔街特色文化平台，民族文化展示中心组建民族艺术团、民族合唱团、少数民族志愿者队伍等 10 多个文化服务团队，丰富社区文娱活动。居民群众在文化中心载歌载舞。开展少数民族小食烹饪大赛、民族文化活动周、民族文化艺术节、民族书画展等一系列民族文化活动，共同分享各民族丰富多彩的风俗习惯，各民族群众间的了解包容得以加深，促进了光塔地区各民族团结、文明、融合。

民族民俗文化长廊 位于进步里巷内。是民族民俗文化展示平台，具有浓郁民族特色。长廊浮雕的面积有 300 平方米，分四个部分。第一部分呈现唐朝盛世时期珠江边光塔“蕃坊”一派繁忙的商贸景象；第二部分呈现 15 个民族的服饰和族徽图腾；第三部分呈现少数民族婚嫁喜庆场面；第四部分呈现 56 个民族欢聚一堂的场景。浮雕采用红砂岩制作，通过对光塔蕃坊繁忙商贸景象和辖内少数民族的民族图腾、民族服饰以及少数民族婚嫁喜庆活动的刻画，展示光塔蕃坊作为中国最早对外开放的贸易港口和中国海上丝绸之路主要内港的繁华场面，反映光塔地区多民族聚居、和睦相处的快乐生活

光塔街民族民俗文化长廊壁画（2019年）

场景。该长廊以光塔地区历史发展轨迹为主线，突出了光塔地区作为“中国海上丝绸之路”发祥地的历史发展概貌和少数民族文化特点，包括中国第一个清真寺、蕃坊遗迹与10条街巷名称、广州起义路与广州公社旧址、米市路珠江纵队联络点旧址、中国劳动组合书记部南方分部旧址等，并以诗词、书画形式，集中展示盛唐时期以来光塔地区乃至整个广州城的人情风物。

广府状元微型博物馆 位于中山六路伦文叙纪念广场状元府内。2012年11月22日，广府状元微型博物馆开馆。作为2012年越秀区十大惠民工程之一，光塔街打造出一座以“状元文化”“广州本地文化”为主题元素，以“草根”文化、“街坊”文化为基础的广府状元微型博物馆，“南粤文化艺术推广中

广府状元微型博物馆（2019年）

心”“广州市灯谜学会活动基地”“拍好广州志愿者服务队活动基地”也在该馆挂牌。除诗、书、画等多种元素外，还有粤语讲古等具有广府特色的文化平台。馆内收藏伦文叙家乡佛山黎涌村、佛山博物馆、城市博物馆等珍贵图片，主要介绍明朝状元伦文叙的生平轶事。光塔街的福地巷，便是得名于伦家“四元双进士”的辉煌。除伦文叙外，该馆兼有莫宣卿、简文会、张镇孙、伦文叙、庄有恭等广府状元故事简介，并附有当代南箫王郭大强和粤语讲古传承人颜志图等“草根街坊状元人物”的介绍。该馆以图片形式，为宣扬广府状元文化、展示广府本土原创文化，也为广府本土文化创作提供了一个展示平台，丰富了广府文化内涵，将广府文化发扬光大。

广府状元微型博物馆内景（2019年）

街巷风貌

光塔街拥有众多承载着历史故事的古巷旧地遗迹。光塔路、诗书路、莲花巷、南濠街、玛瑙巷、普宁里、福地巷、朝天路、仙邻巷、象牙街、学官街这些古老街巷，构成了光塔街丰富的地域文化，向人们述说着岁月的沧桑和时代的发展。

1924年的惠爱路　　叶曙明　提供

中山五路·中山六路

路名由来　中山路是横贯广州东西向的道路。其中，中山六路在光塔街中部，全长780米；中山五路从广州起义路至解放中路一段，属光塔街管辖，全长200米。

清代，今中山路与解放路相交处立有惠爱坊，因此中山五路、中山六路称惠爱大街（又称惠爱街、惠爱直街）。1919年，广州拆城墙，筑马路，惠爱街拓宽，马路两旁兴建骑楼。惠爱首约、二约、三约改名为惠爱西路，惠爱四约改名为惠爱中路。惠爱中路被市政府列为甲等骑楼街，惠爱西路被列为乙等骑楼街。1948年，为纪念孙中山，惠爱中路改称中山五路，惠爱西路改称中山六路。

中山六路（2019年）　　越秀区博物馆　提供

古寺兴废　中山五路、中山六路附近古寺众多，其中以六榕寺、崇报寺、元妙观为代表。

南朝宋代（420—479），宝庄严寺（今六榕寺）兴建，后改名为净慧寺。寺址规模宏大，东部包括今广东迎宾馆、将军东路、将军西路、六榕路，北抵仓前街、稻谷仓、石马槽，西至福泉街、福泉二巷、福泉三巷、净慧街，南达中山六路，面积 20 万平方米。当时江上入港的船只，以六榕花塔作航标。明代，官府划出寺地北部（今陶街电器城一带）兴建永丰仓。

唐代，海上丝绸之路兴盛，在今光塔街设立蕃坊。为了让“蕃汉万家”得以安居乐业，市舶司在六榕寺西侧、今旧南海县街兴建一座宝光寺，为海船蕃客提供祈福之所。宝光寺后来被毁，宋大观年间（1107—1110），蕃商出钱重建，市舶司请皇帝赐门额，改称为“崇报寺”。明初，崇报寺再次被毁。

唐代，在崇报寺西侧还建有一座开元寺（今中六电脑城处）。唐天宝八年（749），“六渡东洋”的鉴真和尚在第五次东渡失败后，曾在开元寺驻锡一年。宋大中祥符二年（1009），佛教开元寺改为道教天庆观。宋皇祐四年（1052），发生侬智高之乱，天庆观被毁。宋治平年间（1064—1067），三佛齐（今印尼）商人请其国王捐资重建天庆观，至宋元丰二年（1079）完工。宋绍圣元年（1094），苏轼被贬惠州，途中曾在天庆观暂住。元代，天庆观改称玄妙观。明洪武十五年（1382），官府在玄妙观内开设掌管府属道教的官府机构道纪司。明天顺四年（1460），总督两广都御史叶盛在玄妙观设提督府行台（或称总督部院行台、两广总督行台），并修建正堂。清代，玄妙观改称元妙观。1912 年被毁，旧址有的被改作民居，有的被改作学校。

商业特色 中山五路、中山六路是广州最繁华的商业中心之一，店铺鳞列，以平民化的饮食业和小商业为多。清光绪年间（1875—1908），石井村民刘亚林在惠爱四约（今中山五路与解放路交界处）开设“林记”鸡店，所售的清远鸡，肉嫩、骨脆、皮鲜，人称“牛奶鸡”。民国时期改名为“鸡林”，在广州无人不知，“买靓鸡，到鸡林”成为市民的口头语，连公共汽车到了惠爱中路，都是以“鸡林”作为站名，可见其知名度之高。

1921 年，西园酒家在惠爱西路原永丰仓旧地开业，成为艺术家雅集之地，号称广州四大园林酒家之一（其他三家是文园、南园、谟觞）。致美斋酱园，曾与北京六必居、扬州三和、长沙九如斋并称“中国四大名酱园”，创办人是旗人子弟，酱园工场最初设在光塔街，在小市街（今解放南路）开有分店，1929 年迁至惠爱西路。1933 年，以素食驰名省城的菜根香菜馆在惠爱西路开业，

中山六路的饮食店（2019年）

陶街电器城（2019年）

中山六路电脑城（2019年）

招牌名菜有鼎湖上素、北菇生筋、五彩软筋、罗汉大斋等，20 世纪 50 年代被列入中国名菜谱。1956 年，广州第一家回民饭店在中山六路开业。

1956 年国家对私营工商业实行社会主义改造完成后，对商业网点进行调整、撤并。1958 年大规模调整商业网点后，北京路—中山五路（东西向延伸至中山四路、中山六路）被列为广州市一级商业中心区。

改革开放以后，个体饮食业迅速崛兴，各种快餐店、粥粉面店、茶餐厅、包点店纷纷开业，为居民生活提供了极大方便。

中山六路的小商业，以 20 世纪 90 年代出现的陶街二手电器城和中六电脑城、颐高数码广场为代表，地处闹市中心，四通八达，长年人如潮涌，货如轮转，被誉为“男人的购物胜地”。1998 年竣工的捷泰广场，占地面积 1650 平方米，高 21 层，当时被称为广州最豪华写字楼之一。中山五路西段有中旅商业城、百汇广场等现代商厦，与北京街辖内的动漫星城、五月花商业广场、新大新百货、广州百货大厦等大型商场连成一片，共同构成繁荣的北京路商业圈。

光塔路

路名由来　光塔路在光塔街中部，东西走向，西接人民中路，东接米市路，全长 650 米，其间与南北走向的纸行路、海珠中路相交。唐宋时期，光塔路为外国人聚居的蕃坊，称为蕃巷。清代，光塔路东段称光塔街（也称蕃塔街），因该处有唐宋时期修建的光塔而得名，属旗界范围；光塔西段（海珠中路以西）称大纸巷。1933 年，修筑马路，统称今名。

蕃坊遗址

蕃坊设置　广州自秦汉起就是南方重要的对外贸易港，到南朝时已超越交州龙编港（今越南河内）成为天下有名的东方大港。唐宋时期，海上丝绸之路兴盛，数以万计从

光塔路（2019年）　　光塔街道办事处　提供

广州市满族小学（2019年）　光塔街道办事处　提供

普宁里（2019年）　光塔街道办事处　提供

阿拉伯、波斯及其他国家到广州的客商，多聚居于西澳码头（今光塔街海珠中路与大德路交界处）附近，官府就在光塔街一带设立“蕃坊”供客商居住，并建立蕃坊司和任命蕃长进行管理。广州蕃坊的名称最早见于房千里所著的《投荒杂录》，书中记述：“顷年在广州蕃坊时，献食多用蜂蜜、脑麝，有鱼俎，甘香而腥臭自若也。”蕃坊地处西澳码头北岸，大约以怀圣寺为中心。发展到最兴盛时期，大致北至今中山路，南抵象牙巷、梳篦巷，西界人民中路，东抵朝天路至走木街一线，面积约 1 平方千米。当年在蕃坊，居住着阿拉伯人、波斯人、犹太人、欧洲人等，占多数的是阿拉伯人，其次是波斯人，不少人还带有家眷，他们按照自己的信仰习惯生活。因此，蕃坊的中心地带建造起怀圣寺和光塔，也便于东来海舶进入广州港。此外，蕃坊还兴建学校供外侨子弟上学。

蕃坊地名 历经沧桑变化的蕃坊遗迹隐藏于光塔街的地名中。今光塔路是蕃坊的中心地带，其东段（今海珠中路以东）旧称蕃巷、大食巷，多为大食人居住。在唐宋时期，大食并非指代单一国家，而是泛指阿拉伯帝国诸国林立的状态。最初到广州的穆斯林，多为商贾，平时居住在蕃坊。因此，光塔路一带的街巷地名，多与贸易有关。

光塔路有玛瑙巷，北接中山六路，南接光塔路，为昔日中外商人交易玛瑙的集市。《南海甘蔗蒲氏家谱》记有“穗城玳瑁巷”。玳瑁巷即玛瑙巷旧名。北宋时有蒲姓波斯巨商，往返于中国与波斯之间，一次贩运的货值可达五万余贯。南宋时广州的蒲氏一世祖玛咕阿，其子海达为广东茶盐司提举，居住在玳瑁巷。海达之子阿呢咾叮（三世）及海达的兄弟柏的后人也在玳瑁巷一带居住。而蒲氏的五世祖寿宬由蒲州府丞升任梅州刺史，祖母被封为宜人，所以邻居便将玳瑁巷更名为蒲宜人巷（今光塔街普宁里）。

玛瑙巷（2019年） 光塔街道办事处 提供

光塔路除建有中国最早的清真寺——怀圣寺，还有不少街巷名都源于阿拉伯语。光塔路东段南侧有甜水巷，“甜水”为阿拉伯语“中国山冈”的音译；杏花巷，“杏花”是阿拉伯语“造船”的音译，还有仙邻巷、大纸巷、象牙巷等。这些地名反映出光塔街作为海上丝绸之路港口的历史渊源，也给后人留下访寻的念想。

惠福西路

路名由来 惠福西路在光塔街中部，东西走向，东接惠福东路，西接人民中路，其间与南北走向的解放路、米市路、海珠中路、纸行路、诗书路相交，全长1100米。清代，从千顷书院起，由东至西依次为早亨坊、大市街、安义街，互不相通。大市街的得名，相传是“大食街”谐音，源于此处曾是唐宋时期大食人聚居之地。1919年扩筑马路，早亨坊、大市街与安义街被打通合并，与东端的寺前街（今惠福东路）相接。因明代在仙湖街有一座金花庙，供奉“金花普主惠福夫人”，附近有惠福巷，因此修筑马路时便命名为惠福路。1952年惠福路划分为惠福东路与惠福西路。1966年，惠福西路更名为向阳四路，1981年复名。

外贸历史 晋代，广州的珠江岸线在今惠福西路。惠福西路北侧米市路与甜水巷之间，是古时的坡山码头区，史称“坡山古渡”。宋代两度撤废闽、浙市舶司，广州曾是

广东省人民医院惠福分院（2019年） 光塔街道办事处 提供

位于惠福西路的德福电子配套市场（2019年）　　光塔街道办事处　提供

全国海上丝绸之路的唯一港口。惠福西路南北皆属蕃坊范围，是高度繁荣的商贸区。白薇街、绒线街、象牙巷、梳篦巷一带，均是宝石、象牙、香料等商品的交易市场。

西澳（南濠）是唐宋时期重要的外贸码头，也是往来船舶的避风港。宋室南渡后，广州成为朝廷对外贸易的支柱，西澳的外贸地位也更显重要。南宋建炎四年（1130），市舶库每天收支宝货钱物，数量非常大，广州的外贸额远超东南沿海其他口岸。《系城要录》有记载，南宋绍兴二十五年（1155），占城（今属越南）进贡沉笺等香一万多斤、乌里香五万五千多斤，还有犀角、象牙、翠羽、玳瑁等。绍兴二十六年（1156），三佛齐国（今印度尼西亚）贡使向朝廷进献乳香八万升、胡椒一万升、象牙四十斛及众多名香和宝器。贡物大部分是从西澳码头登岸的。按照朝廷规定，贡物一般为进口货物的十分之一，即进口货物有十分之九留在广州，因此当时的广州极尽繁荣。

发展概貌　按照民国时的市政规划，惠福路不建骑楼，沿街种植绿树，是广州第一条绿化马路。1946年，贵州中央医院迁到广州，院址设在惠福西路一栋两层三进的铁皮房，更名为广州中央医院，并作为岭南大学的教学医院。1949年10月，中国人民解放军广州军区接管广州中央医院，1951年更名为广东省人民医院，现为广东省人民医院惠福分院。惠福西路的另一名胜，是建于明洪武七年（1374）的禁钟楼，号称“岭南第一楼”。洪武十年（1377），在禁钟楼前兴建五仙观。今惠福西路东段北侧有仙邻巷，与光塔路相通，该巷明代已存在，因与五仙观为邻而得名。惠福西路现有众多的五金、电子、电器、电动工具、仪表商店，形成一个以惠福西路、大德路为中心的五金电子专业市场。

大德路

路名由来　大德路在光塔街南部，东西走向，从广州起义路至麻行街段，及海珠路至人民路段，属光塔街管辖，两段共长880米，其间与南北走向的广州起义路、解放路、海珠路、诗书路、人民路相交。大德路原是广州的南城墙所在，东有归德门，民国时期拆除城墙，在城墙地基上修筑了马路，因与归德门相接，命名为大德路。1966年大德路改称秀丽三路，以纪念向秀丽烈士，1981年复名。

五金市场　清末民初，大量国外金属制品涌入中国，对中国传统冶金制造业形成巨大冲击。1921年，长安金属制品厂在大德路开业。广州的铁器作坊逐渐改用进口优质钢

大德路（2019年）　　光塔街道办事处　提供

大德路五金配件专业街（2019年） 光塔街道办事处 提供

材，学习国外工艺技术，生产洋钉（圆铁钉）、洋镐（十字镐）、番铲（钢铲）、扳手、钳子等，产品除在当地市场销售，还销往东南亚各国。

大德路附近有一条铁炉巷，清代铸造兵器的铁局曾设在铁炉巷附近。因为铁炉巷在五金冶造业中名气颇大，许多铁器作坊慕名而至，一间间五金铁器铺、小五金杂件旧货店沿街开业。大德路才开辟几年，就变成一条商铺林立的五金铁器专业街，聚集铅铜铁制品专业户十多家，如长泰、和兴、全兴隆、源发、八达螺丝厂、泗元剪铁店、广利拉丝厂等。大多是前店后厂，主要从事焊铁铜锡器，收购废钢铁和有色金属，生产和销售锁、滚珠、轴承、弹簧、钉、锯条等五金制品。

20 世纪 30 年代，广州有牙雕、玉雕、木雕和金银首饰等传统工艺制作雕刻店 1000 多家、雕刻艺人上万名，他们的雕刻工具大都选购自大德路的五金店。城内众多酒楼、茶楼和大小食肆用到的锅铲盆勺也多采购自大德路。农民用的锄头、犁耙、镰刀，各行各业用的刨刀、锯条、鞋钳、扳手、花色钳、钢铲、十字镐、钢锉、铁锤等，市民日常生活中用的五金制品、厨房铁制器皿等，都可以在大德路买到。

经过多年开发建设，大德路沿街兴建不少新大楼，但仍保留不少骑楼建筑。大德路现为广州主要的电动工具五金配件专业街，汇聚众多五金杂件、电动工具、量具刃具、仪器仪表、模具配件、机械设备、金银首饰、钢材批发和机电设备进出口的商家。

广东省中医院（2019年）　光塔街道办事处　提供

广州起义路

路名由来 广州起义路，位于广州市中心，在广州近代传统中轴线上。南北朝向，北接中山五路，南至海珠广场。从中山五路至大德路段属光塔街管辖，在光塔街东部。

1919 年，当时的政府规划马路时，决定把原巡抚衙门（今人民公园）作为起点，向南开辟一条宽阔的大马路，作为广州的城市中轴线。为纪念辛亥革命成功，命名为维新路。开辟维新路时，为了保住千顷书院和梁千乘侯祠，马路在书院前拐向西南，穿过马鞍街再南下取直，原马鞍街中段成为维新路部分路面，原北段称马鞍北街，其南端拐向东南，连接维新路；原南段称马鞍南街，南接孚通街。原孚通街以南段扩建为维新路一段。1948 年更名为中正北路。1950 年，复名为维新路。1966 年为纪念 1927 年的广州起义而更名为广州起义路。

起义路（2019年） 光塔街道办事处 提供

革命史迹 清代，广州起义路是广东巡警道衙门所在地，民国时期的广州市公安局也设于广州起义路。1927 年 11 月 28 日，根据国内革命发展形势，中共广东省委按照党中央的指示，作出在广州发动工农兵武装起义的决定。1927 年 12 月 11 日凌晨 3 时左右广州起义开始，在张太雷和叶挺、恽代英、叶剑英等领导下，工人、农民和革命士兵分数路攻向广州市内各个指定目标。仅一个多小时教导团和工人赤卫队就攻占了最坚固的反动堡垒——公安局，其他各路起义部队也先后占领了电报局、邮政局及其他国民党的党政机关，起义军一度占领珠江北岸大部分市区。当天上午，广州第一个工农民主政府——广州苏维埃政府在原国民党广州市公安局所在地（今广州起义路）成立。这也是全国第一个城市工农革命政权，被世人誉为“东方的巴黎公社”。由于两军力量悬殊，在国民党军的疯狂进攻下，广州起义第三天即告失败，新诞生的广州苏维埃政府也仅存在三天便解体。

起义路旗帜彩印专业街（2019年） 光塔街道办事处 提供

广州苏维埃政府旧址（2019年） 光塔街道办事处 提供

解放中路

路名由来　解放中路在光塔街东部，南北走向，北起解放北路，南接解放南路，全长 800 米，其间与东西走向的中山路、惠福西路、大德路相交。清代时称为四牌楼，因有四座牌坊而得名。为明、清时广州南北的主干道。20 世纪 30 年代初，四牌楼改建马路，兴筑骑楼，更名为中华中路，是广州主要的骑楼街之一。1954 年，为纪念广州解放而改称解放中路。

街巷历史　在今解放中路和大德路相交处，是北宋时期广州南城墙的朝宗门（俗称小市门）。明初，朝宗门改称归德门。明万历十年（1582），归德门毁于大火。清康熙

解放中路（2019年）　　光塔街道办事处　提供

十一年（1672）重修。归德门内为归德门直街，因立有惠爱坊、忠贤坊、孝友坊和贞烈坊四座牌坊，又称为四牌楼、忠贤坊、忠贤街等。清代在归德门内设有花市、灯市与鹑市。在今解放中路南端西侧有象牙街，宋代已是蕃坊中出售象牙货品的专业街，明、清两代集中了广州的大部分象牙作坊，包括柴把巷、马巷、走木巷一带，曾是广州最大的象牙加工、交易市场。

民国时期，四牌楼沿街店铺以故衣店为多，有六七十家，占全市故衣店近九成。抗战初期四牌楼遭日军飞机轰炸，房屋损毁严重。1947 年，为畅顺交通，广州政府拆卸中华中路上的四座牌楼，移至别处。

1949 年 10 月 14 日，广州解放。11 月 11 日，广州市民举行庆祝解放大游行，叶剑英、方方、邓华等领导人在市政府门前举行检阅解放军入城仪式。受阅部队提前一晚在三元里附近集合，受阅当天从大北门列队入城，沿中华北麓行至市政府前接受检阅。为纪念这一历史事件，市政府决定把中华北、中、南路改名为解放北、中、南路。1951 年 8 月 1 日，中华路所有店铺张灯结彩，高悬国旗，民众敲锣打鼓，在原大北门（今解放北与盘福路交界处）附近举行庆祝“八一”建军节暨解放路命名大会。

从 20 世纪 70 年代开始，解放路分段进行扩宽工程，从原来 24 米扩宽至 40 米。1994 年，解放大桥兴建，解放路全线进行拓宽，解放中路骑楼被清拆，骑楼街风貌不复存在。20 世纪 90 年代末，解放中路逐步形成一个以陶街电器城为中心的二手电器市场。解放中路南段汇聚了众多鲜花店、婚庆用品店和婚礼策划公司，是广州有名的婚庆用品市场。

走木巷（2019年）　光塔街道办事处　提供

解放中路电子配件街（2019年）
光塔街道办事处　提供

朝天路 · 米市路

路名由来　朝天路在光塔街中部，南北走向，北起中山六路，南与米市路相接，长310米；米市路北与朝天路相接，南抵惠福西路，长187米。宋熙宁四年（1071）修筑西城，西城有朝天门，城门内街道称朝天街（包括今六榕路、朝天路）。有学者考证，朝天街南段与怀圣寺相近，是蕃坊之地。“朝天”的寓意有两个：一是“朝天房”之意，“天房”位于沙特阿拉伯麦加城禁寺中央，是世界穆斯林做礼拜时的正向；二是“归天”之意，唐宋时伊斯兰墓地在流花桥，穆斯林出殡时朝天街是必经之路，城门也因此命名为朝天门。宋代起，米市路已是专营米业的集市，史称广南米市，明代称新店街，清代称米市街。1934年，朝天街与米市街分别被拓宽为马路。1966年，朝天路与米市路合并，改称朝阳南路。1981年，复称朝天路、米市路。

朝天路—米市路（2019年）　　光塔街道办事处　提供

革命史迹　抗日战争时期，中共珠江三角洲中心县委曾在米市路 1 号设立联络点。联络点是一座两层砖木结构房子，坐西朝东，人字瓦顶，仅 32 平方米，以“广安柴店”为掩护，成为珠江纵队和东江纵队的秘密交通站。1945 年 5 月下旬，抗日战争已到最后关键时刻，为了向全市人民宣传党的政策，把抗日形势发展告诉人民，广州地下党决定联合东江纵队和珠江纵队发表《告全市同胞书》，发动一次全市性的大规模散发政治传单行动，传单分别在市内几处联络点印刷，米市路 1 号联络点就是其中之一。

商业特色　改革开放初期，广州市政府开展“菜篮子工程”。1979 年 10 月，米市路全路被辟为农副产品市场，有固定档 200 个，临时档 60 个，从业人员 700 多人。“马路市场”的开设，方便了附近居民生活。1987 年，被国家工商行政管理总局评为“全国文明集贸市场”，还数次被省、市、区评为文明单位、先进集体、卫生先进单位。后因占道经营，阻碍交通，不适应城市的发展需要，1995 年 4 月，市场按市政府还路于民、还路于交通的要求，迁到甜水巷的米市新街市室内经营，米市路恢复车辆通行。

20 世纪 90 年代，陶街二手电子电器市场兴起后，处于同一商圈的朝天路、米市路汇集各类经营电子配件的商铺，销售商品以电阻、电容、二极管、三极管、锡丝等为主。

驻米市路的广东省机构（2019年）　　光塔街道办事处　提供

米市路电子配件（2019年）　　光塔街道办事处　提供

海珠北路 · 海珠中路

路名由来　海珠北路在光塔街中北部，南北走向，其中从净慧路至中山六路段，长317米，属光塔街管辖。海珠中路在光塔街中部，南北走向，北起中山六路，与海珠北路相接，南抵大德路，与海珠南路相接，其间与东西走向的光塔路、观绿路、惠福西路相交，全长916米。1932年，广州市政府开辟马路，把西濠街、仙羊街合并，马路从擢甲里与福地巷之间通过，北接海珠北路，南接海珠南路，名为海珠中路。因海珠南路可直通珠江边，与海珠石相对，所以称为海珠路。

海珠中路（2019年）　　光塔街道办事处　提供

海珠路藏品市场（2019年） 光塔街道办事处 提供

位于海珠中路的广州市纵原邮币卡收藏品市场（2019年）

街巷变迁 海珠北路在民国以前分为官塘街、窦富巷两段，窦富巷位于今光塔街的路段。海珠中路在南宋时是城濠所在地，后元军攻陷广州，城濠被填平，建起民居。南段称西濠里（后改称西濠街，今惠福西路至大德路段）；中段称仙羊街（今光塔路至惠福西路段）；北段擢甲里、福地巷横贯而过。仙羊街的“仙羊”二字，是阿拉伯语“送别”的音译，是昔日大食客商饯行送别的地方。擢甲里至今尚存，因南宋时同登科甲的黄勋兄弟二人居住在此而得名。

1949 年，丽声戏院在海珠中路开业，1957 年改为儿童电影院，是广州唯一的儿童电影院，也是广州唯一带花园的电影院，成为当时广州的地标之一。由于市场变化，2007 年 6 月，儿童电影院停业。1997 年 7 月，广州纵原邮币卡交易中心在海珠中路开业，是国内影响力较大的集藏品交易市场之一。

纸行路·诗书路

路名由来 纸行路在光塔街中西部，南北走向，全长499米。诗书路也是南北走向，全长489米。

纸行路、诗书路在宋代就已存在。相传“诗书”原作“狮子”，因该地有很多斯里兰卡商人，斯里兰卡古称狮子国，后演变为“诗书”。诗书路之名在元代大德《南海志》有明确提及。纸行路在宋代称纸行头，清代分为两段，南段称木牌坊，北段称纸行街。明代，不少顺德、南海和番禺人到天平街（今天成路）至纸行街，开设大大小小的造纸作坊，纸行路因此得名。

1931年扩筑马路，木牌坊与纸行街合并为纸行路，诗书街改称诗书路，官禄巷改称

纸行路（2019年） 光塔街道办事处 提供

官禄路。1965 年，官禄路更名为观绿路。1967 年，纸行路与诗书路合并，更名为红书中路。1982 年复名为纸行路、诗书路。

街巷变迁 西晋太康二年（281），印度僧人迦摩罗在今诗书路南端修筑护国仁王寺。宋代筑西城，诗书路属蕃坊范围。明代大学士方献夫购买仁王寺旧址的部分地皮，建筑赐书楼和阁老府，地点在今观绿路，旧称官禄巷，也称官路巷、关路巷。清道光元年（1821），仁王寺故地被划入旗境，成为驻粤八旗兵前锋营箭道，北至今惠福西路，西至西城墙（今人民路），南至南城墙（今大德路），东至今操场前一线以东。1919 年拆城墙后，箭道旧址逐渐成为民宅街巷。

纸业长兴 纸行路，古时称纸行街，与纸有不解之缘。唐宋时期，光塔街一带是商业繁华之地，卖纸张的店铺也成行成市，于是形成了小纸巷、大纸巷。

南宋，纸行路就有经营纸业的作坊。到清代，福建的长汀纸、广西的玉扣纸和砂纸、佛山的色纸、蕉岭的草纸和安南纸等各类纸张，通过纸行路等地的土纸行出口。清末，洋纸涌入中国市场，各地的纸商派人到纸行街坐庄，开设大纸栏，就近调度指挥，操控价格，形成一个庞大的纸品集散市场。

日本侵华战争期间，纸行路一带的纸业生意一落千丈，只剩下诗书路一些纸盒小作坊，以生产化妆品包装盒、药盒、电池盒、锁盒、鞋帽盒为主。中华人民共和国成立后，虽有所恢复，但状况不理想。改革开放后，历经 40 年发展，纸业再次兴旺，并且延伸至周边的天成路一带。

光孝路

路名由来 光孝路在光塔街中北部，南北走向，北起净慧路，南抵中山六路，与纸行路相接，全长 340 米。原名光孝街，因街北端有光孝寺而得名。1930 年，光孝街扩建为光孝路。1966 年，光孝路改名为红书北路，1982 年复名。

街巷历史　清代，光孝路属八旗驻地，镶红旗满洲佐领署、镶红旗协领署、正黄旗和正红旗汉军协领署等均设于光孝街，正黄旗和正红旗汉军箭道也设于光孝街。清宣统元年（1909），广东公立警监学堂创办，设于光孝街。1924 年，中华基督教会光孝堂在光孝街建成。由光孝堂主办的正光小学，也在教堂内上课。1930 年，光孝街扩建为光孝路。1934 年 7 月，勷勤大学商学院成立，设于光孝路。1966 年，光孝路改名为红书北路，1982 年复名。光孝路因近光孝寺，沿街有许多小吃店、素食店、工艺品店和佛教用具店，是知名的宗教文化旅游商品专业街。

光孝路（2019年）　　　　光塔街道办事处　提供

光孝路宗教文化旅游商品专业街（2019年）　　　　光塔街道办事处　提供

人民北路·人民中路

路名由来 人民北路、人民中路在光塔街西部，是越秀区与荔湾区的分界线。人民北路从净慧路起，至中山六路段，全长343米；人民中路北起中山六路，全长1000米。两段人民路的东侧属光塔街管辖。民国以前，上述地段的人民路是广州西城墙所在位置。1919年拆城墙，在墙基上开辟马路，今广州市第一人民医院至中山六路段称长庚路，人民中路称丰宁路。1966年，长庚路、丰宁路与北面的虎长路、南面的太平南路合并为人民北、中、南路。

街巷历史 人民中路同乐路一带，清代称西瓜园，是一片空旷地，民国时期常用来举行群众集会。广东省商团联防总部曾设于此，作为商团操练的场地。1924年曾在西瓜园发生当时轰动全国的"商团事件"。

人民中路（2019年） 光塔街道办事处 提供

1924年3月8日，广东各界妇女第一次在广州庆祝“三八”国际劳动妇女节，会场分别设在第一公园（今人民公园）和西瓜园，是中国纪念“三八”国际劳动妇女节的开端。1928年7月14日，广州电话所在西瓜园奠基兴建。总机房设在西瓜园，办公地址原在南朝街，1933年迁于西瓜园新建会址。1933年，太平戏院在西瓜园开张，可容纳1800人，是广州第一家拥有旋转舞台的戏院。抗日战争爆发后，广州掀起抗日救亡宣传活动，太平戏院上演大型历史剧《黄花岗》，引发全城热议。1936年，旋转舞台因战事被废弃。1930年西瓜园开辟马路，因当地有广州警察同乐会（后改称广州市警察体育会），马路命名为同乐路。

商业特色　民国时期，丰宁路先后开设有昆仑修补汽车内外胎店、利华胶胎公司、大行胶厂、广州轮胎公司等修补、翻新轮胎店，成行成市，是著名的汽车零配件及“翻胎”（旧汽车轮胎翻新）专业街。

二十世纪五六十年代，同乐路成为广州市大型报社的创刊之地。1957年《羊城晚报》创刊，报社设于同乐路。1961年《羊城晚报》与《广州日报》合并。“文化大革命”期间，报纸停刊。“文化大革命”结束后，《广州日报》在同乐路复刊。1996年，广州日报报业集团在同乐路成立，成为中国第一家报业集团。

改革开放后，人民中路逐渐成为广州的商业区之一，区域范围内有不少著名商店和企业，如华南地区规模较大的眼镜专业市场——广州眼镜城、广州交电商场、五羊城酒店、广州星群制药厂等。

民国时期拆城墙后开辟丰宁路的老照片

民国时期商团在西瓜园操练老照片

风土民情

古时的光塔街依托“坡山古渡”的临海位置，首得海外风气之先，以岭南文化为核心，又融合中原汉文化、海外民族文化，中西文化交流往来，形成了开放性的文化特质和独特的民情风俗，并且不断发展。

粤语讲古

越秀区非物质文化遗产资源丰富，涵盖非物质文化遗产的十大类型。其中，设在光塔街的粤语讲古作为曲艺类别，2007 年 5 月入选广州市第一批市级非物质文化遗产名录。2009 年 10 月入选广东省第二批非物质文化遗产名录。20 世纪 80 年代初，粤语讲古艺人有颜志图、姚焕然、彭嘉志等三人。其中，颜志图、姚焕然是原广州说书学会的会员；颜志图为省级非物质文化遗产项目代表性传承人，彭嘉志为市级非物质文化遗产项目代表性传承人。

2017年11月15日，颜志图在万木草堂讲古（2017年）

特点。粤语讲古是艺人用广州方言对小说或民间故事进行再创作和讲演的一种语言艺术形式，它源自古代的说唱艺术，结合粤语方言习惯，具有鲜明的地域特色。讲古艺人的叙述角度以第三者旁述为主，大量运用本地的民间谚语、俗语和大众化的生活语言，对书目进行加工润饰，成为粤语方言艺术的集大成者。讲古的内容不仅包括传统的长篇章回小说，还包括现代生活题材和广州民间掌故，承载着广州历史文化信息，成为文化传统得以保持和延续的重要载体。表演时，艺人多以醒木、折扇作为道具，通过极具韵律的语言表演技巧进行演绎，同时借鉴戏曲的表情、肢体表演技巧，使讲古更加生动有趣。

传承。民国时期，讲古艺人在东校场、城隍庙一带自发开设“讲古寮”，也有的集中在老城区的茶馆、酒楼开设讲古茶座，在公开场合开讲。1932 年，广州出现电台粤语讲古节目。1966 年，粤语讲古步入低潮。20 世纪 80 年代，粤语讲古以电台广播小说的形式再度兴起。20 世纪 90 年代末，粤语讲古受到娱乐形式多样化的冲击，讲古艺人越来越少，讲古阵地也日益减少。2000 年以来，在越秀区政府的扶持下，粤语讲古传承班开班授徒。“小故事员培训班”被列为越秀区“羊城之夏”活动项目之一，以培育讲古苗子。光塔街、越秀区博物馆联合在五仙观广场开设越秀古坛，在伦文叙状元纪念广场开设状元讲古坛，既让沉寂多年的粤语讲古重新出现在观众面前，又让讲古艺人有了一展所长之地。同时，通过音像记录、口述记录，整理积累讲古艺人讲演的视频、音频资料，为年轻讲古艺人提供学习借鉴的材料。

五仙观广场越秀古坛 2003 年 5 月，越秀区在光塔街五仙观广场开设越秀古坛，宣传广府文化。由颜志图主讲，每月一讲，讲古题材以民间传说、羊城掌故、风俗来历为主，如《贼仔奇遇记》《画怪李子长》等。2014 年 10 月，越秀区在“越秀古坛”的基础上，结合南粤先贤馆开馆，由颜志图、彭嘉志主讲，以南粤先贤人物故事为主题，每周定期在五仙观广场举行“南粤先贤讲古坛”，并配套开展小小讲古员培训、南粤先贤流动展览进校园等活动。2019 年 5 月，“南粤先贤讲古坛”更名为“南粤古坛”，每周日上午定期在五仙观广场举行，围绕 56 位南粤先贤人物，通过粤语讲古的形式，讲述先贤历史功绩、诠释思想主张、解读时代意义，展现粤语讲古艺术风采。越秀古坛讲古活动，吸引社区群众和中小学生踊跃参与。

伦文叙状元纪念广场状元讲古坛 2010 年 12 月，诗书街（后调并入光塔街）在伦文叙状元纪念广场开设“状元讲古坛”，每周四下午开讲，由颜志图和彭嘉志主讲。讲

彭嘉志在伦文叙状元纪念广场进行粤语讲古《隋唐英雄传》（2011年）

演的内容多为长篇故事，如《伦文叙》《隋唐英雄传》《罗通扫北》《薛仁贵征东》《薛刚反唐》《薛丁山征西》等，也有讲演光塔街历史名人故事、粤语词语来历及常用词传说等。伦文叙状元纪念广场“状元讲古坛”地处西门口地铁站出入口，人气旺盛，观看演出的既有中老年观众，也有中小学生和青年上班一族，传播效果显著。自2010年组建至2018年，“状元讲古坛”共开展粤语讲古390场，参与人数约4万人次。

民俗节庆

元宵节与广府庙会

元宵节　民间又称作“灯节”，始于秦代。广州元宵闹花灯的传统，有上千年的历史。南汉时广州的元宵之夜，六榕寺花塔上下燃遍灯烛，人们聚集在蕃坊一带，载歌载

清代广州元宵灯会老照片

舞，预祝丰年，称为“赛月灯会”。清代，归德门内是最热闹的城内灯市。有大三星灯、和合二仙灯、百花莲藕灯、树头灯、小三星灯等，又有用光孝寺菩提叶做的菩提纱灯。人们用透明薄纱扎成红鱼、鲈鱼、狮子鱼、火鲤、石斑等形状，涂绘颜料，点亮后通体发光，栩栩如生。

按照广州的民间风俗，农历正月初十到元宵期间要“开灯”。家家户户都到归德门买灯，所有的宗祠大门、神堂正中央和两旁，都挂起莲花灯；灶君、“床头婆”神位、土地庙也都点起灯。“开灯”之夜，亲朋好友欢聚一堂“饮灯酒”。

正月十三为“试灯”日，即试点元宵灯。正月十四元宵节前夕，坊间纷纷搭灯棚，系结花彩，箫鼓齐鸣，舞龙舞狮，预演元宵节目，归德门、四牌楼一带的摊贩也竞售各式纸灯，卖“阿婆灯”的小贩挑着担子，沿街叫卖。

归德门灯市尤为著名。旗人擅长扎灯，归德门内光塔路一带是旗界，灯市那些精美纷呈的花灯，不少出自旗人之手，很多寺庙僧人都到归德门采购菩提叶灯。

广州人过元宵节，除了挂花灯外，还有到庙里请灯的习俗。寺庙事前将灯上写满吉祥字句，并标明价钱。元宵节过后第三天，庙祝就邀请请灯的人，一起敲锣打鼓，把灯送到这户人家去。因为“灯”与“丁”谐音，据说请了灯的人家当年会添丁有望。

广府庙会 民国以后，归德门被拆除，灯市渐渐衰退，但元宵赏灯依然是民间重要的节庆活动。2011 年元宵节期间（即农历正月十五至廿一），广州市政府和越秀区政府

第三届广府庙会“悦来·越庙”演出在五仙观广场举行（2013年）

举办首届“广府庙会”活动。广府庙会秉承“广府统领，兼容并蓄；传统风采，现代气息；政府搭台，民间唱戏”的原则，开展传统节日庆典、非物质文化遗产和民间工艺展示、民间艺术展演、商贸美食展销等丰富多彩的群众活动。首届广府庙会的开幕式在城隍庙举行，闭幕式则在五仙观广场举行。此后历届广府庙会，都把五仙观作为活动的终点，并在五仙观内举办传统灯会。来自省内各地的花灯，如沙头角鱼灯、英德花灯、乐安花灯、潮州花灯、云浮花灯、佛山彩灯、江门宋彩龙凤宫灯、广式红木宫灯、大埔青溪仔狮灯、东莞千角灯、开平洋村花灯、南澳后宅元宵鱼灯、河源忠信花灯、澄海灯谜等齐聚，场面壮观。

光塔街满族居民节日习俗

光塔街是广州市满族居民最集中的地区。清代，驻粤八旗每个旗都有自己的宗祠，安放先人神位牌，清明节和重阳节举行春秋二祭。各姓男丁都会盛装参加祭祀仪式，叩头上香（辛亥革命后改为鞠躬），燃放鞭炮，请和尚升坛诵经祈福，其间有“耍大钹”的节目助庆。最后在祖宗牌位前宰猪，按男丁人口分“胙肉”。除夕辞岁时，满族人家都会向挂在西边墙上的“祖宗袋”叩拜，以表示对“落广祖”（第一代落户广东的满族先人）的怀念。“祖宗袋”中放着相传是“落广祖”从关外带来的台围、羹匙、筷子、稻谷等物。

每逢盛大节日，光塔街的民族合唱团、民族舞蹈队、民族书画协会等民族文化团队，街道内的满族文化陈列馆、民族文化中心等文化场所，都相应开展庆祝活动。人们沐浴净身，换上民族服饰，会聚一堂，品尝美食，共同祈愿平安幸福。

春节 广州满族的春节与汉族大同小异，但庆祝活动则带有民族特色。大年三十，满族人家以包饽饽度岁。饽饽与北方饺子相似，以猪肉或羊肉、韭菜、大白菜、豆瓣酱等为馅，以盐水和面做皮，包成半圆形。包完饽饽之后，家家户户就把水井、刀具、扫帚、簸箕等全部封起来，要到年初二才能开封使用。大年初一全天都是只吃饽饽。在广州老一辈的满族人中，仍保留着这种习俗。

“大天仓” 满族有一个特别的节日，称为“大天仓”（也称为“添仓节”）。满族人认为农历正月廿五是仓官诞辰，满族农村煮黏高粱米饭，放在仓库里，用秫秸棍编织一只小马，插在饭盆上，意思是马往家驮粮食，丰衣足食。但住在城市里的满族人没有粮仓，就把米缸当粮仓，用烙饼和饭卷做祭品，举行拜米缸仪式，祝福来年五谷丰登。

“阿婆诞” 满族的“阿婆诞”和汉族的“床头婆”习俗相类。在床头安放一个“床头婆”（俗称“婆太”），奉为护佑生育的神祇。农历正月十七是“阿婆诞”，家家进行拜祭，用颜色纸糊作“阿婆灯”，在街上巡游。有些妇女还会在这一天晚上，悄悄到五仙

光塔街民族文化中心展示的民族服装（2010年） 光塔街道办事处 提供

观捡一块石头回家，希望得到阿婆太和竹树观音保佑，早日怀胎生子。这一习俗如今已消失。

颁金节　每年农历十月十三的颁金节是满族的一个隆重节日。“颁金”是音译，意为“生”“诞生”“创造”。每年的这一天，光塔街的满族人一般通过互相邀约饮茶、聚餐，或举办茶话会庆祝节日。茶话会上会有一些文艺表演，增加欢乐气氛，如演唱《望祭山》《二贵摔跤》等民族文艺节目。大家边吃边观看表演，其乐融融。

伊斯兰开斋节与宰牲节

开斋节　又称“大尔代”节。斋戒一个月结束后第一天为开斋节。每逢此日，广州市本地穆斯林约两万人，还有四万多名长期在广州经商的外省及外国穆斯林，穿上节日盛装，从四面八方赶赴怀圣寺和位于越秀区解放北路的清真先贤古墓，参加会礼（节日礼拜）和庆祝活动，恭贺斋戒功课圆满完成，互道节日快乐，馈赠礼品，而后回家午餐。有的穆斯林在家里诵读《古兰经》，感恩安拉，祈求赐福和佑护全家平安；有的游坟诵经悼念亡人。开斋节期间，许多穆斯林家庭都要炸油香（油炸面饼）、馓子，烹调佳肴，宴请宾客，或走亲访友，互致问候。光塔路一带的清真食品店，都会销售馓子、油香、麻花、凉皮、凉粉、烩菜与牛肉面等富有民族风味的传统食品，增添节日的喜庆。

宰牲节　又称为“古尔邦”节。穆斯林在宰牲节都会举行会礼、宰牲待客、访亲探友等庆祝活动。宰牲节适逢广州举办秋季进出口商品交易会期间，许多来自国外的穆斯林客商也参加宰牲节活动。宰牲节当天上午，参与的穆斯林先到怀圣寺参加会礼，然后在广州市伊斯兰教协会的统一组织下，乘车前往白云区江高镇江村清真屠宰场，参加宰牲活动。宰杀后的牛羊肉均分三份，一份送亲友，一份济贫，一份留已用，以体现教胞之间有福同享的互助精神。

特色技艺

广州箫笛制作技艺

广州箫笛制作技艺的历史由来已久，在1912年，就已形成“全声”“德声”“文声”“扬高声”等乐器作坊，集中在光塔街辖区的濠畔街一带，箫笛制作艺人们也在濠畔街汇聚。

广州箫笛是岭南地区最为常见的吹奏乐器之一，根据南音和广东音乐的七律定调，音色清远嘹亮，穿透力和表现力极强，适合表现岭南音乐、戏剧的内容意境，有着深厚的历史文化底蕴，独具岭南文化特色，与二弦、提琴（与板胡形制同，但较大）、三弦、月琴一起被称为广东音乐中的“五架头”，在广东音乐合奏、粤剧伴奏中得到广泛运用。经过多年的发展，广州箫笛制作校音技术精湛、用料考究、设计个性化，适应了当代多元音乐形势的不同需求。2009年4月，越秀区申报的广州箫笛制作技艺入选广州市第二批非物质文化遗产名录。2009年9月，入选广东省第三批非物质文化遗产名录。

技艺　广州箫笛制作技艺流程精准度要求较高，大部分竹材选自安徽、福建，少数来自广东的广宁等地区。首先要根据粗细、厚薄、长度、圆度、花纹、节距、颜色等因素，选取合适竹材。然后对竹材进行风干、下料、过火、板直、刮皮、定调等，共19个步骤，最后环节是将制好的箫笛用布包好放于风凉通风处，避免箫身开裂。整个制作流程全部需要艺人纯手工完成，具体有四个方面，包括竹材的前期处理、内膛处理、音准调整和结合演奏者的特点对笛子进行个性化处理。

传承　优秀的箫笛制作艺人有多年制作箫笛的经验，深厚的音乐知识和个人艺术修养。1956年5月，广州箫笛制作技艺第一代传承人赖权联合其他从事箫笛制作的师傅共同组成岭南箫笛合作社，后来更名为“广州岭南箫笛乐器厂”。20世纪60年代，广州箫笛制作技艺第二代传承人郭汝灼进入广州岭南箫笛乐器厂，于1963年研制出“木质箫笛系列”和“半音键改良中国笛”，体现出较高的制作水平。20世纪80年代末，许多箫笛制作工人改行，老一辈箫笛制作师也逐渐退休，但郭汝灼仍坚守传统手工制作箫笛技艺。1988年，郭汝灼与其长子郭大强、次子郭大民在光塔街惠福西路白薇街竹篙巷59号创办粤声乐器加工厂。郭汝灼将箫笛制作技艺传授给其子郭大强、郭大民。广州箫笛制作技艺在郭氏后人手中发扬光大。此后，郭大强对箫笛制作技艺不断钻研，融入现代音响理念，为箫笛制作引入科学鉴别标准和制作方式。经过多年的摸索，发展了制箫工艺，制作出工艺精湛、质量上乘的南方箫笛，被称为“南箫王”。2010年，郭大强获得中国民族管弦乐学会竹笛专业委员会首届笛箫制作评比“特殊贡献奖”。

广州象牙雕刻

光塔街曾经是广州象牙雕刻作坊最集中的地区。2006年5月10日，广州象牙雕刻入选广东省第一批非物质文化遗产名录；同年，广州象牙雕刻与北京象牙雕刻一起入选第一批国家级非物质文化遗产名录。

集聚 岭南古时产象，而且地处近海。据史料记载：“番禺（今广州）亦一都会也，珠玑、犀、象、玳瑁、果布之凑。”广州的象牙雕刻业，以独特的南派风格，驰名全国。唐代诗人王建游览广州城时，便亲眼见到“戍头龙脑铺，关口象牙堆”的壮观场景。码头关口堆满从船上卸下的象牙，印证了当时牙雕业的兴旺。

唐代，广州的码头关口在今惠福路五仙观东西沿线。四牌楼（今解放中路）南段西侧的象牙街，西至走木巷一带，在宋代是买卖象牙货品的专业街，到明代发展为加工象牙、玉器的专业街。清代，广州的象牙作坊大部分集中在象牙街，包括柴把巷、马巷、走木巷一带。柴把巷是解放中路南段西侧的内街，象牙巷西段北侧，今称象牙二巷。马巷是解放中路南段西侧的内街，象牙巷西段南侧，今称象牙三巷。走木巷北接米市路，南接象牙巷西端。清代中期以后，象牙街的牙雕业越来越兴旺，作坊越开越多，逐渐扩展到大新街上。1931年广州拆城墙，建马路，大新街从原来的六排长麻石铺设的小街，变成长1106米、宽11米的大街，更名大新路。象牙街的牙雕作坊大部分转移到大新路，使之成为赫赫有名的象牙雕刻专业街，其中的代表企业是广州市大新象牙工艺厂，以产品门类齐全，花色品种繁多，工艺制作精湛而成为广州工艺美术界的一个窗口。

雕工 象牙雕刻因受到原料稀缺的局限，不可能像瓷器、漆器和丝绸一样大量生产，但也正因为稀缺，更显珍贵。有“仙工”之誉的广州象牙雕刻，分雕刻、镶嵌和编织三大类，以镂空、透深的雕刻技法闻名。其中，刮刀是广州牙雕行业中最独特的雕刀。在雕刻衣纹、石纹、水纹等走向时，用刮刀拖刮出一道道刀痕，行内称为“刀路”，是广州象牙雕刻特有的艺术风格，甚至是衡量工艺是否精深的依据。精致的象牙工艺，常运用于印章、文具、梳具、餐具等，良工巧匠制作出极为精细的象牙球、象牙扇、项链、象牙梳、鼻烟壶、文房用具等，意趣盎然。二十世纪七八十年代，产品《天女散花》《麻姑献寿》《群仙祝寿》《普天同庆》等人物题材的雕刻成为广州象牙雕刻产品销量最多的大类。除人物题材外，广州象牙雕刻还有花鸟题材、兽口题材，特别是有关花木、山石、龙舟、宝塔、蟹笼等岭南山水景物的产品，一直是海外客商心仪之物。

美食小吃

原盅炖汤 原盅炖汤采用隔水加热法，把食材与清水放在砂锅里，盖上锅盖，置于一大锅内，以慢火长时间熬制。由于食材在炖制过程中处于密封状态，盅内保持一定的温度和压力，可使原料和汤汁的受热稳定，菜肴鲜香味不易流失，汤汁则清澈如水。既保持了食材的原汁原味，又富含营养成分，易吸收，是滋补养生的美食。

原盅炖汤（2019年）

现代生活节奏加快，很多人无法在家里煲汤，因此各食店纷纷推出“原盅炖汤”的项目，以招徕食客。光孝路、海珠中路的炖品店以用料足、火候够、品种多、价钱适中而闻名。炖汤品种繁多，从原味椰子炖竹丝鸡、花旗参瘦肉炖海马、南北杏菜干炖猪肺，到野生灵芝茯苓炖老龟、海底椰无花果炖鹧鸪、蝎子水蛇炖瘦肉，五花八门，应有尽有。炖品店在供应原盅炖品的同时，通常也兼营炖饭、荷叶蒸饭等。

羊肉叉烧（2019年）

粤式清真菜 位于光塔街的回民饭店是广州市最大的清真饭店。该饭店原名“清真食堂”，创于1956年，原是为适应穆斯林饮食习惯而专设清真茶点、饭菜的饭店。随着食客群体的变化，回民饭店结合广州人口味讲究清淡的特点，推出粤式清真菜，在烹调技法上突破传统清真菜的做法，吸收传统与新派粤菜的精髓，创造独树一帜的“回菜粤做”，风味特色尽在“清、鲜、嫩、滑、爽、香”六字真言当中，为“食在广州”增香添色。

教门油香（2019年）

粤式涮羊肉 广东省最早引入北京东来顺饭庄的清真名菜“涮羊肉”的是广州回民饭店。1962年，东来顺饭庄的师傅南下，向广州回民饭店传授涮羊肉技艺，经过厨师的改良，成为粤式涮羊肉。除精选羊的三叉（肩胛）、上脑（脊肉）、梅当（大腿）肉，酱料采用东来顺配方，连韭菜花酱也由东来顺直接运送。同时，融入粤菜特色，增添鸡片、鲜虾片、鲜鱼片、鱼丸、土

琥珀牛肚丁（2019年）

鱿片、牛腰花、鹅肾球等食材，带有广东人“打甂炉”的风味。

回民饭店的粤式清真名菜，还有烧羊肉、羊肉叉烧、茄汁煎牛柳、脆皮牛肉丸、清真玉树鸡、凤肝拼羊片、凤巢绵羊丝、香浓牛杂煲、子姜肥牛、西芹蜜豆鲜百合等菜。店里日夜供应的萨其马、牛肉酥角、回油香、奶油蛋糕等清真点心，不仅深得回民的喜爱，也广受各族市民的欢迎。其中的香浓牛杂煲、沙嗲牛肉串以及教门油香等，在 1987 年至 1988 年的广州“美食节”中获得优秀奖或优良奖。

粤式素食 光塔街居民一向有食素的习惯，粤式素菜是粤菜中的重要一支。粤式素食讲究色、香、味、形，并且具有佛门色彩。主要种类除了一般蔬菜、水果之外，还有各种豆制品，如豆腐、豆干、百页、油豆腐、豆腐衣、素鸡、干丝、毛豆等，以及用大豆制作的素肉制品；蒟蒻制品也是一大种类，包括素鱿鱼、素花枝、素虾仁、素生鱼片等，用蒟蒻加上面粉、素肉、香菇等，做成鱼丸、贡丸等丰富的制品；甘薯、山药、芋头、马铃薯、莲藕、菱角、马蹄、南瓜等根茎菜类，红豆、绿豆、蚕豆、刀豆、花豆、薏苡仁、莲子、栗子、白果、玉米等种子类，还有最常见的三菇（北菇、鲜菇、蘑菇）、六耳（雪耳、黄耳、石耳、木耳、云耳、桂花耳），更是经典的素食用材。广州老字号“菜根香”素食馆，1947 年便开设在光塔街惠爱路（今中山六路）。由于附近有著名佛寺六榕寺、光孝寺，许多市民到佛寺上香拜佛后必素食一餐，所以每逢农历初一、十五等参神日，菜根香素食馆更是生意兴旺，应接不暇。

1956 年，广东省举行名菜展览，菜根香素食馆选送的粤式素菜鼎湖上素、北菇生筋、五彩软筋、罗汉大斋、杏圆嫩雪耳、酿扒竹荪、红烧北菇、六宝拼盘、香露芥菜、石耳云吞汤被列入中国名菜谱。

随着粤式素食愈来愈流行，在光塔路、光孝路、净慧路、纸行路一带开设的素食馆和出售素食食材的店铺愈来愈多，人们可以到这里品尝美味的粤式素食，也有不少食肆和家庭到这里采购素食材料。

粥、粉、面 粥、粉、面，不仅是光塔街居民最常见的早餐，而且对广州人来说，也可以是全天候的主食。在光塔街的大街小巷，粥粉面店星罗棋布。

在所有粥粉面店中，及第粥、艇仔粥、皮蛋瘦肉粥、猪红粥、鱼片粥、白粥等，都是必不可少的。这些名称不同的粥，被统称为“生滚粥”，是用经长时间熬煮的粥做底，把新鲜材料（如牛肉、鲩鱼片、猪肝等）放到已调味的粥底之中煮滚至仅熟，既可保持材料鲜嫩，也可让味道渗进绵滑的粥里，回味无穷。

布拉肠粉制作

粉则有河粉、米粉、濑粉等。干炒牛河是最常见的一种河粉做法。河粉与酱油和牛肉片以大火快炒而成，几乎在每一家粥粉面店、茶餐厅、茶楼都可以吃到。布拉肠也是广州特有的做法，把米浆浇在多层蒸格或棉布上，撒上肉末、鱼片、虾仁，或叉烧、鸡蛋等馅料，蒸熟后卷成长条，切段装碟，浇上肠粉豉油汁，即可食用。布拉肠粉外观晶莹剔透，入口清香爽滑。还有蒸猪肠粉、鱼丸粉、牛丸粉、牛腩粉、烧鹅濑粉、星洲炒米粉、过桥米线等，也备受欢迎。

面的品种有虾子面、瑶柱面、菠菜面、番茄面等，可做成云吞面、鱼蛋面、牛腩面、炸酱面、豉油皇炒面、蚝油炒面、肉丝炒面、海鲜炒乌龙面等。云吞面的云吞，与北方馄饨不同。云吞必有虾，无虾不成云吞，传统的馅料比例是七分鲜虾三分肉。面则用富于弹性又有嚼劲的全蛋面，也有一些食店仍以传统的手工竹升面为招牌。豉油皇炒面只用全蛋面与酱油同炒，火候十足，非常美味。

干烧伊面是传统粤式面膳之一，广州人的寿筵上多有吃伊面的习俗，寓意“长寿”。伊面因其制法独特，适合不同做法，干炒、烩煮都很美味。众多做法中最常见的就是干烧伊面，步骤简单，方便快捷，口感嫩滑爽口，劲道十足，属于较常见的主食。

鲜虾云吞面（2019年）

名人与名街

光塔街人杰地灵，人才星涌，各领风骚。

作为中国海上丝绸之路的起点和纽带之一，光塔街内各民族文化融合、异国他乡民族文化传入，蒲希密、辛押陀罗等丝路来客在光塔街留下足迹；苏轼、崔与之、方大琮、伦文叙等儒林名宿，崔君培、王德光等杏林妙手，关楚梅、陈镜开等文体精英在各自领域创造非凡成就；海军精英舒宗鎏等革命先贤身上也展现出光荣的革命传统。

人物传略

关国栋：西关水塔设计师　关国栋（1876—1943），字干臣，满姓瓜尔佳氏，满洲正黄旗人。广州满洲正黄旗清代驻防区域在惠福西路白薇街及邻近一带，关国栋所属的宗族一系“关余庆堂”就在白薇街聚族而居。关国栋幼时入读广州同文馆，学习汉文、英语、数学等课程，清光绪二十一年（1895）毕业，以优异成绩，被官派到英国留学，入牛津大学攻读工程技术专业。

关国栋

光绪二十九年（1903），两广总督兼广东巡抚岑春煊推行新政，提倡实业改良，其中一项举措是创办自来水公司。光绪三十一年（1905），广州成立广东省河自来水有限公司，在谷埠（今人民南路新亚酒店处）购置办公大楼，聘请关国栋与2位美国工程师、1位德国工程师，共同进行水源勘测和水厂基建的技术设计工作。最后确定以增埗河为采水点，引小北江水入市，在西场乡征地70亩，兴建增埗水厂（西村水厂），向西关、南关和惠爱路一带供水。广州成为继上海之后全国第二个安装自来水的城市。

由于水压不足，需要在西关地区兴建水塔。关国栋负责设计水塔。光绪三十二年（1906）动工，两年后建成。该水塔是广州第一座供应自来水的水塔，外壁用钢板焊接而成，塔身高6.71米，内径12.2米，距地面约42.1米，可储存水约782立方米，堪称西关的地标性建筑物。水塔的落成，使包括光塔街在内的西关实现全面供水和入户用水，市民用水更加方便。

此后，关国栋又继续参与各项铁路工程及公共事业建设，后再赴英国留学，获博士学位后回国，于 1943 年逝世。

陈荷影："钉金艺人" 陈荷影（1903—1987），又名陈素心，满族，生于广州八旗之家，今光塔街内。是广州著名的钉金绣名师，被誉为"钉金艺人"。

陈荷影的母家数代都以钉金绣为业，她在青年时代就尽得母亲真传，对传统钉金绣中的三连花和织锦技术运用自如，并对传统刺绣技艺进行大胆创新。她用二针企鳞法绣大龙，独创出"虚卜"（粤语"凸"意）龙凤绣法，对改进和发展绒线针法、钉金针法都产生重要影响。

为庆祝中华人民共和国成立一周年，陈荷影绣制了一面丈八大锦旗，旗上绣有两条怒髯奋爪的大金龙。1950 年 10 月 1 日，广州市各界群众在越秀山体育场举行中华人民共和国成立一周年庆祝大会，这面锦旗在会场迎风飞舞，万民瞩目。从此，陈荷影的钉金绣享誉羊城。

1957 年，陈荷影为响应全国首届工艺美术艺人代表大会关于"继承、发掘民间艺术遗产"的号召，遍访早年绣花同伴，找到当时唯一在世的一位盲艺人，请他传授"锦上添花"针法。再经过她反复揣摩，挖掘出这项失传 40 多年的技术，并将其钉金花朵改为疏施贴花和金银线围边，提高了工效，节省了原料。1959 年 4 月，陈荷影用疏施及补贴盘金新法，创作了两幅《锦上添花》挂画，作为礼品送给维也纳世界青年联欢节；后又创作钉金花篮挂画送往北京，在中华人民共和国成立 10 周年经济建设成就展览会上展出；还创作钉金花瓶挂画参加全国工矿交通展览会，山水挂画参加广东省民间工艺美术展览会。1960 年，她的钉金绣靠垫被送往全国妇联参加纪念"三八"国际劳动妇女节 50 周年巡回展览；作品《岁寒三友》挂画获广州市工艺美术评比一等奖。广州市人民委员会授予她"钉金艺人"的称号。

1961 年，陈荷影新作钉金挂画《迎春》和《金鱼》，分别获广东省工艺美术品一等奖和广州市工艺美术品一等奖；1962 年，陈荷影创作的钉金挂画《山水》获广州市工艺美术创作一等奖。1963 年，陈荷影当选广东省第三届人民代表大会代表和广东省美术协会会员。1967 年，陈荷影退休，广州市人民政府特给予她"特殊贡献待遇"，每月按原工资增加 10% 退休金。1987 年，陈荷影去世，享年 84 岁。

杨汉光：光塔寺伊玛目 杨汉光（1915—2002），经名易卜拉欣，别名杨万里。回族，广州伊斯兰教怀圣光塔寺阿訇、伊玛目。

杨汉光

杨汉光熟悉伊斯兰教教义、教规典籍，能对《古兰经》、“圣训”作出深入准确的讲解，穆斯林对他主持清真寺的教务活动和穆斯林日常的宗教生活、礼仪都很信服。1983年，杨汉光主持接待香港穆斯林到广州参加圣纪活动，重启“文化大革命”结束后穗港两地穆斯林的交流沟通。

杨汉光遵行教义教规，热心为穆斯林服务。内地穆斯林在广州经商，有时会发生纠纷，杨汉光以《古兰经》教义劝解穆斯林，不遗余力协助政府部门做好调解、处理事务，发挥了维护社会稳定和民族团结的作用。

1956年起，杨汉光任广州市伊斯兰教协会第一、第二届委员会委员；1964年起任第三、第四届委员会副主任；1984年起任第五、第六、第七届委员会会长及第八、第九届委员会名誉会长。曾任全国伊斯兰教协会第五、第六届委员会委员。1988年，国务院授予杨汉光“全国民族团结进步先进个人”称号及金质奖章。

2002年11月22日，杨汉光因病逝世。

汪宗猷：满族小学创办者 汪宗猷（1919—2009），满族，光塔街道人，原姓完颜。广州市满族小学创办人、校长。抗日战争胜利后，广州的满族子弟生活艰辛，近一半儿童失学，满族镶红旗知识分子和热心教育人士发起创办学校的倡议，征得该旗代表和管祠人汪玉泉同意后，将位于光塔路89号的宗祠作为校舍。舒淡庵、舒宗鎏、佟子实、杨庚山等人给予支持，陈乃福解囊相助，组成校董会，推选汪玉麟为董事长，推定汪宗猷及其妻子李剑晖负责筹备组织办校事宜。1946年，广州市私立国光小学创办，汪宗猷任校长，李剑晖任教导主任。“国光”二字寓“抗战胜利，国土重光”之意。

汪宗猷 叶曙明 提供

学校初办时，只有专职教职员8人，学生109人。开设6个年级，每级有教学班1个。由于经费短缺，从

1947 年开始，位于海珠中路的满族禅院“妙吉祥室”每年捐赠 15 名学生的费用，以发展满族学生。1948 年，学校学生增至 228 人，其中满族学生占 30%。在汪宗猷的领导下，学校本着“严格培养学生稳固基础教育，确信教育是神圣之事业”的宗旨，组建家长委员会、学生自治会，制定“教职员服务细则”“管理学生办法”等规章制度。1948 年夏天，汪宗猷组织筹款建校，增建两栋楼房。

1954 年，经校董会和汪宗猷商议后，决定主动将国光小学的全部校产献给国家。自 1956 年起，学校改名为“广州市满族小学”，为广东省唯一的满族学校。汪宗猷继续担任校长，直到 1986 年从校长职位退休，改任名誉校长，但仍坚持任教到 1996 年。他亲自发动、组织成立广州市满族教育基金会，建立奖学奖教制度。至 21 世纪初，广州市满族小学有校区 3 个，分别在光塔路、大德路与大德路象牙街。

1983 年，汪宗猷被广东省人民政府授予“民族团结先进个人”称号；1984 年 9 月，广州市满族第一次代表会议召开，会议讨论通过广州市满族联谊会章程，成立广州市满族联谊会，汪宗猷为第一届理事会会长。1988 年，汪宗猷被国务院授予“全国民族团结进步先进个人”称号；1990 年，被国家民族事务委员会授予“全国民族团结进步先进个人”称号。

2009 年，汪宗猷逝世。

名人与光塔街

苏轼游览天庆观 苏轼（1037—1101），眉州眉山（今四川省眉山市）人，字子瞻，一字和仲，号东坡居士、铁冠道人，是北宋时著名的文学家、书画家。北宋嘉祐二年（1057），苏轼进士及第。宋神宗时，苏轼在凤翔、杭州、密州、徐州、湖州等地任职。

北宋绍圣元年（1094），苏轼被贬往惠州。他路过广州时，游览了天庆观（故址在今中山六路），与住持崇道大师何德顺交往，与城中雅士聚晤，杯酒言欢，更唱迭和，并在天庆观墙壁上题写："东坡饮酒此室，进士许毅甫自五羊来，邂逅一杯而别。"

绍圣四年（1097 年），朝廷再将苏轼贬往海南儋州。苏轼离开广州后，天庆观东庑新筑一座供奉道祖老子的"众妙堂"，何德顺便寄书海南，请苏轼为新堂作文。苏轼欣然写下《众妙堂记》一文。该文从儋州至广州，辗转多年，才交到何德顺手中。何德顺勒石为碑，立于天庆观内。

苏轼笠屐像　　叶曙明　提供

宋哲宗驾崩后，许多前朝谪臣都获得赦还。朝廷三下赦令，苏轼从儋州北返，经廉州到达广州，逗留约一个月，再访天庆观，并作诗《广州何道士众妙堂》：

湛然无观古真人，我独观此众妙门。
夫物芸芸各归根，众中得一道乃存。
道人晨起开东轩，趺坐一醉扶桑暾。
余光照我玻璃盆，倒射窗几清而温。
欲收月魄餐日魂，我自日月谁使吞。

为解决附近百姓长期饮用咸水的难题，苏轼请人在天庆观挖了一口井，挖井时挖出一石，状如巨龟，石下泉水涌流，又名"石龟泉"。该井水质清冽，仅次于光孝寺的达摩泉。坊间出于对苏轼的崇敬，把这口井称为"东坡泉"或"苏井"。

蕃坊巨富辛押陀罗　辛押陀罗（Sheikh Abdullah），生卒年不详，阿曼苏丹国人。

北宋时期，辛押陀罗到广州，定居蕃坊。他靠海上贸易致富，积累数百万缗家财。官府委任他为蕃长，负责招徕外商、协助贸易、征收关税、管理外侨等事务。北宋熙宁元年（1068），广州知府张田准备将郡学迁到国庆寺（今中山六路惠吉东路、惠吉西路地）东面，但学校还没建好就突然患急病去世。有官员认为地方过于狭小，准备停止工程。辛押陀罗听到这个消息后，慨然捐资，把未完成的斋宇建筑建好，并购买学田来维持郡学运行费用，在学校内置别舍，接收蕃客和当地人的子弟入读。

熙宁五年（1072）四月，辛押陀罗以勿巡国（今阿曼境内）进奉使的名义，再次向朝廷进贡珍珠、通犀、龙脑、乳香、珊瑚、笔格、琉璃水精器、龙涎香、蔷薇水、五味子、千年枣、猛火油、白鹦鹉、越诺布、花蕊布、兜罗绵毯、锦襈和蕃花簟等物。他向宋神宗提出辞去蕃长职务回阿曼苏丹国，并推荐继任人选。当时，经略使程师孟正在修筑广州西城，辛押陀罗主动表示愿意捐钱筑城，以保护蕃坊等商业区。宋神宗批准辛押陀罗辞去蕃长之职，继任人选交由广州地方官府决定，但不同意他出钱修广州西城。临别时，神宗将白马一匹、鞍辔一副赐给辛押陀罗，封他为“归德将军”。

崔与之与崔府街 崔与之（1158—1239），字子正，一字正之，号菊坡。广东增城人。南宋绍熙四年（1193）进士，是岭南由太学取士的第一人。历任浔州司法参军、淮西提刑司检法官、广西提点刑狱、广东经略安抚使等职，有守法持正的美誉。

今崔府街得名于崔府——崔家府邸。

南宋宝庆元年（1225），崔与之从四川离任后，回到广州定居。宋理宗即位后，先后授予他潭州知州、湖南安抚使、隆兴知府、江西安抚使、吏部尚书等十多个职务，崔与之均上书力辞，隐居在今崔府街的府邸“晚节堂”。

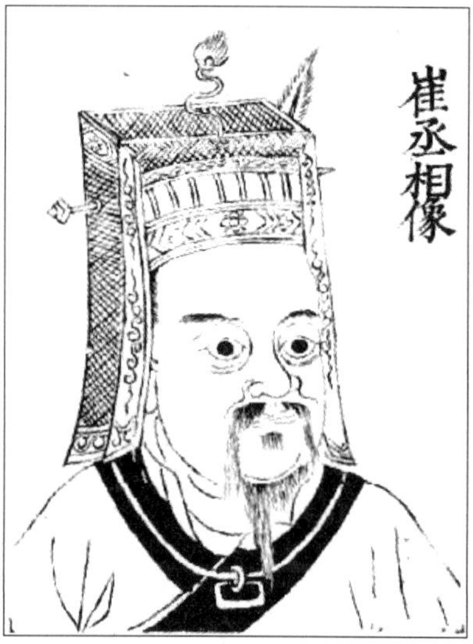

崔与之　　叶曙明　提供

南宋端平二年（1235），宋理宗授崔与之广东经略安抚使兼知广州。崔与之还没来得及辞官，广东发生惠州摧锋军戍卒暴动，广州被重重包围，城被攻陷只在旦夕之间，城中军民惊惶无措。78岁高龄的崔与之临危受命，出任广东经略安抚使兼知广州，领导平乱。他亲自乘坐肩舆登城，劝导叛军投诚，又派门生李昴英下城安抚叛军，与叛军首领谈判，晓以大义，大多数叛军放下武器，只有为首者率领其余叛军离开广州到肇庆据城对抗，解了广州之围。为了保境安民，崔与之调动军队围剿叛军时，因年岁大，日常并不到经略府办公，而是“居家治事”，崔府因此成为当时广东最高权力机关所在地。

叛乱平息后，崔与之辞官，并将半年来的俸禄全部上缴国库，在崔府继续过平静的生活。朝廷升任崔与之为参知政事、右丞相等职，但他连续13次上书，以年老多病为由力辞。

南宋嘉熙三年（1239），宋理宗下诏特授崔与之“观文殿大学士”。崔与之去世后被追封为紫金光禄大夫、开府仪同三司上柱国、南海郡开国公，赐谥“清献”。崔家获赐御书“菊坡”二字，并制匾高悬于崔府大门之上。

崔与之酷爱菊花，一生不养妓，不增置私产，不受馈赠，以“无以财货杀子孙，无以政事杀民，无以学术杀天下后世”为座右铭。崔与之开创的“菊坡学派”，被公认为岭南历史上第一个学术流派。著有《崔清献公集》。他的辞章被认为是“开岭南宋词之始”，后人把唐相张九龄奉为“粤诗之祖”，把崔与之奉为“粤词之祖”。他所开创的以“雅健”为宗旨的岭南词风，对后世岭南词人影响很大，清代梁善长辑《广东诗粹》称崔与之的诗词“高华壮亮，犹有唐人遗音”。

方大琮保护地方文化 方大琮（1183—1247），字德润，号壶山，福建莆田人。南宋文学家。南宋开禧元年（1205）进士，辞赋为南宫第三人。授南剑州州学教授，历任江西漕幕、将乐知县、福建路转运判官等职。

方大琮 叶曙明 提供

南宋淳祐二年（1242）四月，方大琮到达广州，出任广东经略安抚使。在广州的6年任内，方大琮做了很多保护地方文化的事情。

淳祐四年（1244）三月，为恢复古代尊贤敬老的风俗，方大琮在广州举办乡饮酒礼，聘崔与之的门生李昴英为“遵”（在乡人中仕至大夫，行为端正，值得大家效法的人），出席助兴。全程一丝不苟，遵循古制行礼。整个仪式完成，耗时8个小时，方大琮虽然年事已高，但终礼而毫无倦容。同年，方大琮拨钱改建南海县学，在南海县学兴建“二献祠”来祭祀唐代丞相张九龄和南宋名臣崔与之，又建“四先生祠”来祭祀贤士古成之、温若春、郭阊，并生祀李昴英，让人们永远记住这些对岭南文化有过贡献的贤人。他为番禺县学兴建“浴沂亭”，让学子们有游玩休息的地方。他将州学的部分建筑改建为番山书院，把州学御书阁的图书迁至书院，中间塑传道圣贤燕居之像，旁建文、行、忠、信四斋。书院既可讲学，又有藏书，并可祭孔，功能齐备。书院侧建有一水池，植满莲花，学子游咏其间，大有“浴沂咏归”之意。方大琮还把景濂堂建成濂溪书院，并请李昴英推荐本地的耆儒硕德出任首席教座。

淳祐五年（1245），方大琮修复天庆观的东坡泉。他从定林寺移来古铁栏，把苏井围起来加以保护，期望井水能永葆清冽，并为之题写铭赞：“众妙堂，东有泉。经品尝，眉山千。名去堂，井不迁。宋淳祐，越五年。方大琮，来莆田。去者还，人耶天？得古栏，和名镌。泽物远，与坡传。”他还捐钱给天庆观，用以修葺众妙堂。

淳祐七年（1247），方大琮主持重修《南海志》，补史之缺，参史之错，详史之略，续史之无。他把自己任期5年多的公事批文，一一整理，汇编成册，为继任者提供了大量广府教育、兵防、财政、习俗方面的参考资料。同年，方大琮在广州病逝。为了纪念方大琮，人们在他捐资修葺过的天庆观内，建了一座方公祠。

陶街得名于陶成父子　陶成（？—1450），字孔思，广西郁林（今玉林）人。明永乐年间（1403—1424）中举，授交阯凤山典史。得举荐命署谅江府教授。任期满后，迁山东按察司检校，再得到举荐擢大理评事。明正统年间（1436—1449），复以举荐超擢浙江佥事。

陶成素来有智慧谋略，遇到事情敢于担当。他曾击退从海上入侵的倭寇。陶成后在平乱时被杀。朝廷追赠陶成为左参政，录其子陶鲁为八品官，授广东新会县丞，后任知县、广州府同知等职。

陶鲁（1434—1498），字自强，陶成儿子。荫授广东新会县县丞。

明成化二年（1466），陶鲁跟随总督韩雍征讨大藤峡。韩雍治理军队以严厉持重闻名，唯独对陶鲁心服首肯，每用陶鲁的计策，总能克敌制胜。陶鲁所统领的三百精兵，有“陶家军”之称。强盗团伙

陶成

提起“陶家军”的大名，都又恨又怕，不敢接战。强盗团伙到陶鲁的郁林老家，大肆蹂躏，诛杀陶氏族人，焚烧所得诰命，又掘陶家祖坟泄愤。这次宗族的浩劫，令陶鲁悲痛欲绝，合家移居广州。明宪宗下诏改陶鲁籍为广东，补发诰敕，加以慰劳。

陶鲁为将 45 年，身经百战，杀敌 2 万多人，他认为“治寇贼，化之为先，不得已始杀之耳”。他每到一地，便兴办学校，推广教化。对老师宿儒，敬如上宾。陶鲁还经常到新会向大儒陈献章请教学问，陈献章对他也敬重有加。

明弘治四年（1491），陶鲁授湖广布政使兼广东按察副使，并治广西兵备，人称“三广公”。弘治十一年（1498），陶鲁去世，封世袭副千户。嘉靖四十年（1561），朝廷为表彰陶成、陶鲁父子的政绩、战功，下令在广州和新会建祠专祀陶鲁。广州的忠勋祠在今光塔街的陶街，用以祭祀陶成、陶鲁父子。陶家后裔也在忠勋祠一带建屋居住，后形成街巷，名为陶街。

张诩与看竹亭 张诩（1456—1515），字廷实，号东所，广东南海人。明成化二十年（1484）甲辰科进士，授户部主事。著有《白沙遗言纂要》《东所文集》《南海杂咏》《新会崖山志》等。

张诩生性耿介，对官场生活没有兴趣，为官 3 年后以乞养母病为由辞官。明成化十年（1474），张诩请辞回到广州，买下唐代仁王寺旧址西圃，在庭院中种满竹子，修筑“看竹亭”，将居所命名为“竹坞”。他在竹坞之中，终日手不释卷、膝上琴横，以潜心研究鼎彝、碑版、书画、金石、槃盂为乐趣，过着与世无争的生活，有“岭南孤凤”之誉。受张诩的影响，诗书路形成浓厚的读书氛围，众多私塾在此聚集，因此有了“诗书”之名。

张诩当年所筑竹坞，在今诗书路与大德路交会处，已建为大德综合市场及幸福立方大厦，但当年的学习氛围依然传承了下来，不到 500 米长的诗书路仍是广州城历史上文化气息厚重的地方之一。

伦文叙一门四进士 伦文叙（1467—1513），字伯畴，号迂冈，广东南海黎涌（今属佛山市石湾区）人。明弘治十二年（1499）已未中会试第一，殿试第一，考中状元，后授翰林院修撰，著有《迂冈集》《白沙集》。

明弘治二年（1489），伦文叙以儒士身份到省就试，中高等肄业入太学。十年后在京参加考试中会元，殿试又中状元。但还没做官就被人陷害下狱，后来得到平反昭雪，随后任翰林院修撰之职。明正德元年（1506），赴安南（今越南）充正使，途中因父亲去世要守孝而没有上任。

伦文叙登第后，在今光塔街福地巷筑造状元第。平时以读书自娱，手不释卷。他写文章推崇韩愈、杨雄，又天性孝友，与世无争，教子有方，他的三个儿子均考中进士。一家之中，父子兄弟并以魁元策名，故天下称之为“一门四进士，父子魁三元”。在福地巷口立有“父子鼎甲坊”。

伦文叙画像

伦文叙的长子伦以谅，字彦周。正德十一年（1516），参加乡试中解元（第一名），正德十六年（1521）中进士，历任山西道监察御史、吏部郎中、南京通政司右参议。后称病辞官回乡，寄情山水，著有《石溪集》。

伦文叙的次子伦以训，字彦式，号白山。正德八年（1513），考中举人，正德十二年（1517），考中会试第一名（会元）、殿试第二名（榜眼），官至国子监祭酒。伦以训博览群书，工古文词，尤其擅长朝廷典章，著有《国朝彝宪》及《白山集》等诗文集。嘉靖年间（1522—1566），伦以训和曾任刑部主事的好友王渐逵，在广州越秀山麓的迂冈书院组织越山诗社。他认为“六经发于圣人之心也，则吾心之与天地万物为六经之大全也”，并将此定为迂冈书院的院规。

伦文叙的三子伦以诜，字彦群，号穗石。嘉靖十七年（1538）中进士，官至南京兵部武选司郎中，著有诗文集。嘉靖四年（1525），以诜等在越秀山麓建迂冈书院奉祀其父伦文叙，三年后建好。曾与伦文叙同朝为官的湛若水于嘉靖十年（1531）写成《迂冈书院记》，记述迂冈书院的建筑规模及风景，论及伦文叙的名望时说：“迂冈先生吾友也。公以颖敏之资、温雅淳厚之德、博洽疏通之才，登会、殿两元，负公辅之望而施不究。

伦以谅画像

伦以训画像

伦以诜画像

蕴以早世，知者憾然。”文中提及伦文叙的学术主张是“六经皆由心生者也，故治心以治经，则全经在我矣”。由此可知伦文叙的学术观点与湛若水相同。

黄衷卜居纸行街　黄衷（1474—1553），字子和，号矩洲，别号铁桥、铁桥病叟，广东南海人。历湖州知府、福建转运使、广西参政、云南布政使、湖广巡抚，兵部右侍郎。著有《海语》一书。

黄衷辞官退休后，在纸行街（今纸行路）买地建屋，又开办矩洲书院，聚徒讲学，著书立说。当时纸行街有一座“参卿坊”，又称“贰部参卿坊”，由黄衷题写坊额。

黄衷在矩洲书院执教期间，结识了一大批海客、蕃僧、舟师舵卒，从他们口中，打听海外的山川风物。嘉靖十五年（1536），黄衷写成《海语》一书。

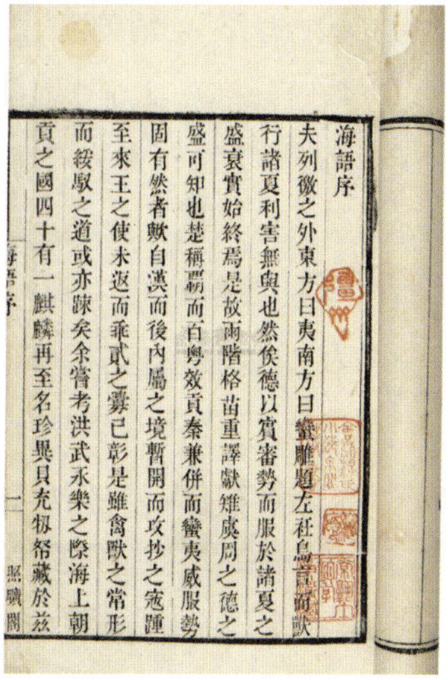

海語序
夫列徼之外東方曰夷南方曰蠻雕題左衽鳥言而獸
行諸夏利害無與也然侯德以賓審勢而服於諸夏之
盛衰實始終焉是故兩階格苗重譯獻雉虞周之德之
盛可知也楚稱霸而百粵效貢秦兼併而蠻夷威服勢
固有然者歟自漢而後內屬之境暫開而攻抄之寇踵
至來王之使未返而乖貳之釁已彰是雖禽獸之常形
而綏馭之道或亦疎矣余嘗考洪武永樂之際海上朝
貢之國四十有一麒麟再至名珍異貝充牣帑藏於茲
海語序　一　照曠閣

《海语》书影

该书共三卷，按风俗、物产、畏途、物怪分为四类。卷一记述暹罗（今泰国）和满剌加（今马六甲）两地风情，涉及刑政、婚姻、农工、商贾，其中详述暹罗人信佛重僧及火葬、鸟葬等习俗；卷二介绍东南亚的苏木、胡椒、象牙、犀角、伽南香等物产；卷三记述旅途的险山恶水和物怪。

方献夫与观绿路 方献夫（1485—1544），初名献科，字叔贤，号西樵，广东南海县人。于明弘治、正德、嘉靖三朝为臣，曾任光禄大夫、吏部尚书、武英殿大学士，被尊称为"方阁老"。著有《周易传义约说》《西樵遗稿》等。

明正德十六年（1521），武宗驾崩，因为没有子嗣，留下遗诏让从弟朱厚熜继帝位，即明世宗。后来世宗欲尊生父兴献王为"皇考"，引起"大礼之议"，上百名大臣上书劝谏皇帝。但方献夫、霍韬等几位大臣持"继统不继嗣"之说支持世宗，被封为武英殿大学士，入阁辅政。明嘉靖四年（1525），世宗任命方献夫为少詹事，并参与修编《明伦大典》。《明伦大典》从道德上自圆其说，以证明"兄终弟及"，合乎人伦。全书共24卷。明世宗将《明伦大典》赐给方献夫。为了存放这套书，方献夫在广州城西部的一条小巷子里建造赐书楼、阁老府，后该条小巷因此得名"官禄路"。清乾隆《广州府志》载："赐书楼在官禄巷。大学士方献夫建。"清同治《南海续志》载："献夫府在西城，有赐书楼，藏《明伦大典》处也。"1920年，市政府拆官禄巷扩建成"官禄路"，1965年取谐音更名为"观绿路"。

方献夫画像

明嘉靖二十三年（1544），方献夫去世，赠太保，谥文襄。广州地方官员为表彰方献夫，立有"大学士""太宰宗伯黄阁宰臣"等多座坊表。旧广州城西彩虹桥下建有文襄祠，奉祀方献夫。

陈子壮读书纪纲街 陈子壮（1596—1647），字集生，号秋涛，广东南海人。与陈邦彦、张家玉合称“岭南三忠”，在《广东通志》中与东晋程旼，唐代韩愈、张九龄，南宋文天祥等人合称为“广东古八贤”。著有《云淙集》《练要堂稿》《南宫集》。

幼时，陈子壮在四牌楼纪纲街读书。明万历四十七年（1619），陈子壮中进士，授翰林院编修，因得罪魏忠贤，被削籍为民。明崇祯年间（1628—1644）复出，升迁至礼部右侍郎，又因抵触圣旨被思宗下诏书定罪入狱，后免于死罪，被逐出京城。

崇祯十五年（1642），陈子壮在紫德里（在归德门内西边城脚，今大德路）建陈尚书祠，祀其曾祖父、前工部尚书陈绍儒。

清顺治三年（1646），明室桂王朱由榔在广东肇庆称帝，建元永历，封陈子壮为东阁大学士兼兵部尚书，督福建、江西、两湖及广东军务。但当时八旗大军已经入粤，道路断绝，陈子壮滞留在南海九江，无法赴任。广州失陷后，陈子壮和陈子升、长子陈上庸捐出全部家财，募集壮丁在九江起兵，会同顺德陈邦彦、东莞张家玉的义兵围攻广州。久攻不克下，陈子壮率领众人转战广东江门、新会、高明等地。队伍久经战阵，兵疲将寡，陈子壮在高明兵败被俘，后被押解到广州，受锯刑而死。朱由榔追赠陈子壮为“南海忠烈侯”。清朝廷以陈子壮“早敦直节，晚抗军锋；白刃无辞，丹心堪悯”，谥“忠简”。陈子壮殉难后，纪纲街的陈氏故居改为陈氏宗祠，宗祠内有忠简读书楼。

广州大佛寺僧侣敬其忠义，以佛堂名义收拾陈子壮遗骸，火化成灰，藏在寺内。族人在大坑山上筑衣冠冢。

陈子壮像 叶曙明 提供

崔君培设医馆于崔府街 崔君培，字晋荣，生卒年月不详，因在家中排行第七，人称“崔七”。

崔君培天性聪颖，精通内科、外科、针灸，尤其擅长治疗伤寒，以善辨生死著称。

崔君培在崔府街开设医馆，出诊习惯步行。相传某次出诊途经小北门（今小北路），见有人家抬着一副棺材出殡，而棺底有血水滴出。崔君培当即拦住出殡队伍，询问丧家死者是什么人。丧家答称是产妇难产不治。崔君培认为孕妇可能还活着，力劝家属开棺。人们听从了他的劝说，把棺材抬到下塘，开棺检视。崔君培在产妇肚脐之下一寸穴位针灸，妇人果然苏醒过来。大家非常惊奇，问崔君培怎么知道棺中人没死，崔君培回答说人死血凝，而棺下有滴血，说明人还活着，才有鲜血流出，该产妇是因为胎位不正难产，气力不继，一时休克，所以仍然可以救治。

崔七开棺救人、起死回生的故事，在省城传开，成为美谈，往崔府街求医的人由此也越来越多。

张弼士与孝友街 张弼士（1841—1916），名振勋，原名肇燮，字弼士，以字行，广东大埔县（今属梅州市）人。烟台张裕葡萄酒公司创始人，中国近代著名爱国华侨、民族实业家。

张弼士 叶曙明 提供

张弼士在广州先后创办亚通（织布）公司、靖海门（今靖海路）的张裕安堂药行及靖海门农工商矿局等企业，还在河南（今海珠区）新安里建了一座三堂二楼的五知堂府第，在朝天街建张孝友堂。“孝友”含意为继承发扬祖先“以孝友为行”的传统。教堂俗称张家祠，成为宗族集会、祭祖以及子弟读书温习之地。后来张孝友堂东西各建成街道，遂有孝友东、西街之名。

张弼士虽先后被清廷封为槟榔屿副领事、新加坡总领事、大清银行总经理、督办铁路大臣等职，但他看透清政府的腐败无能，转而支持孙中山的革命事业，曾捐赠一笔巨款给孙中山作革命活动经费。民国成立后，他仍致力于发展民族工业与侨务工作。1912年，他担任广东省商会主席等职，还曾被聘为总统府顾问、工商部高等顾问和南洋宣慰使等职。1916年9月12日，张弼士病逝于巴达维亚，后移柩回故乡安葬。

晚清同文馆师生合影

刘绍基担任广州同文馆馆长 刘绍基（？—1899），广州驻防旗人。以二品武职出任广州同文馆提调前后共10年，是广州同文馆任职时间最长的武官。

刘绍基的先祖是今辽宁铁岭人，清皇太极时编入汉军镶黄旗。平定“三藩之乱”后，刘绍基的先祖即随军南下，到广州驻防，居住在汉军镶黄旗居住点之一的光塔路东段。

清同治三年（1864），皇帝特谕广州驻防将军瑞麟开办广州同文馆。按章程规定，同文馆设立提调一员，由广州将军在协领各员内遴派充当，以资统率；另设馆长二员，旗员用防御，汉人用佐杂，经理馆务。同治十三年（1874）至清光绪元年（1875），刘绍基出任广州同文馆馆长共两年，协助提调处理馆中事务。光绪九年（1883），广州驻防旗营水师改为步军营，刘绍基出任协领。光绪十五年（1889），刘绍基以二品武职出任广州同文馆提调。光绪二十五年（1899），刘绍基卒于广州同文馆提调任上，后被封赠一品建威将军。刘绍基在广州同文馆提调任上主事长达十年，是历任提调中任职时间最长者。

杨枢任中国同教俱进会粤支部名誉会长 杨枢（1844—1917），字星垣，祖籍奉天盛京（今辽宁沈阳），晚清回族外交家。纸行路福地巷13号在清代和民国时曾是杨公馆，今已拆毁。

清咸丰十一年（1861），清廷为培养外语和外交人才，创办北京同文馆。清同治三

杨枢

年（1864），又设立广州同文馆，聘请西人及品学兼优的国子监学生担任教习，故址在今朝天小学。同治六年（1867），杨枢入选广州同文馆学习。他的先辈多为武职，很少有读书人，尤其反对学习西洋文化。杨枢入读同文馆，是因为馆中学员的供给丰厚，除全部公费外，每月还有几两银子的生活补助费，可以拿回家中赡养守寡的老母。

清光绪二十九年（1903），杨枢以候补四品京官衔出使日本大臣（公使）。光绪三十年（1904），日俄战争爆发，以中国东北为主战场。杨枢在使馆人员协助下，根据日文报道资料编著《日俄战事纪要》一书，在东京以汉文出版，指出“日俄之争，实为中国之患”，强调国人必须改革自强。清政府确定“预备立宪”的国策后，杨枢态度积极，经奏准，于光绪三十二年（1906）年与日本政法大学校长梅谦次郎签订协议，由该校在东京开设“法政速成科”，国内各省选拔学生公费赴日学习，为立宪培养人才。清廷任命他为留学生总监督，并授外务部右参议。

清宣统元年（1909）三月，杨枢出任驻比利时公使。1910年4月23日，比利时首都布鲁塞尔举办世界博览会，中国首次参加，由杨枢主持参展工作。后来，比利时政府把中国馆全部展品购下为长期展览之用，并在布鲁塞尔“爱情路”拨地建立永久性的中国展览馆。

宣统二年（1910）六月，杨枢因病离职返国，回到福地巷杨公馆居住。其晚年笃守伊斯兰教教规，热心教务，为清真寺和先贤古墓献匾多幅。1912年11月，中国回教俱进会粤支部在怀圣寺成立，杨枢被推举为名誉会长。1917年，杨枢去世。

梁智华诚信经营成“遮王”　梁智华（1871—1952），字淦泉，乳名苏虾，原籍广东顺德，是佛山镇松桂里梁氏后人。梁苏记洋伞创始人。

清光绪十二年（1886），梁智华用自己的乳名作字号，在广州市惠爱街（今中山六路）接手半边铺面，挂起“梁苏记遮店”的招牌。最初是修理洋伞，后来生意日臻兴隆，他的资金日益雄厚，便从外国进口原材料，制作洋伞。

那时广州已有顺兴隆、广兴隆和兆安隆3间大伞厂，几乎垄断广州的雨伞市场。凭借过硬的产品质量，梁智华敢于与它们在市场上正面竞争。梁智华在铺里悬挂两面镜子，分别写着“如不合意，原银奉还”和“永久包修保用”。他的雨伞比别的品牌价钱要贵，别人卖五元一把，他卖八元，让顾客有更高档次的心理感受；他制作的洋伞用铜磨盘做伞顶，以铜线取代铁丝来固定伞骨，因此也更加结实耐用和美观；他花重金在报纸、电台和电影院刊登广告，使梁苏记的名字妇孺皆知，街巷尽闻；他在经营中重承诺，守信用，在顾客中口碑甚佳。为扩大生产，梁智华在商业繁华的高第街开了一间规模更大的梁苏记遮铺，前面是店铺，后面是工场。

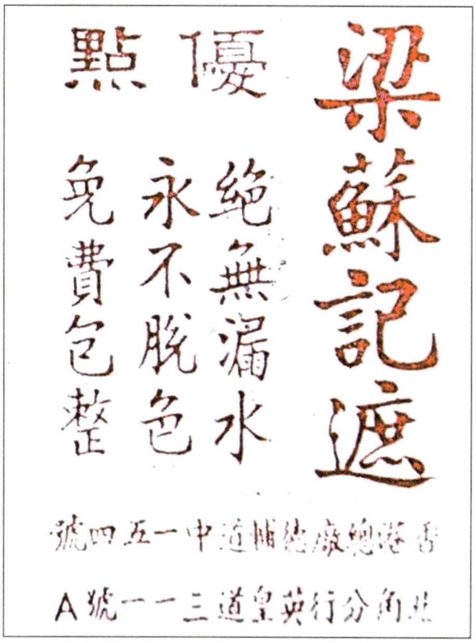

民国时期梁苏记在香港的广告　叶曙明　提供

五四运动时期，日货包括日本洋伞受到市民的抵制，梁智华趁此机会，赶制一大批名为“中山装”的蓝布伞参加广州的国货展览会，一举成为获奖的爱国产品。梁苏记布伞因此而名声大噪，一天的营业额就有四五千元。

梁苏记全盛时期，在粤、港、澳等地共开设 15 间分店，产品远销至新加坡、马来西亚、泰国等地。晚年，梁智华把产业分给儿子继承，在中国广州、香港地区、澳门地区及新加坡等地开设多间分店，有的仍以“梁苏记”为招牌，有的改为“梁桂记”“梁荣记”等。

1952 年，梁智华在香港逝世。

王德光创办王德光医院　王德光（1882—1950），广东南海人，毕业于广州培英学堂（后为培英中学），精通外科、内科、妇科、儿科，历任广州市医师公会监事、防痨（肺病）会委员以及方便医院、明心盲人学校、基督教青年会的董事等职，以医学造福民众。

1916 年，王德光毕业后在广东公医院任医师，后升任院监及代理院长。20 世纪 20 年代中期，王德光离开公医医院，先在潮音街开设医务所，后来在光孝路创办王德光医院。由于他医术精湛，救人无数，在坊间有“万家生佛”之誉。

王德光德艺双馨，有口皆碑。来看病的人，他一定要对方先吃药再付费，如果有困难的就不收钱。他为人十分低调，从不肯在公众场合发言，同事戏称他只肯做出钱、看病、开刀 3 件事，可以免费开刀，但“开刀不开口”，因此有“杏林怪杰”之称。

1950 年 5 月 2 日，王德光因胃病在美国纽约哥伦比亚长老会医院去世。

英雄模范先驱杨殷领导工人运动 杨殷（1892—1929），名典乐、夔礼，字孟揆，化名吕云峰，广东中山人，是省港大罢工的重要领导者之一和广州起义的组织发动者之一。生前曾居住在惠福西路温良里 47 号之九。

杨殷 叶曙明 提供

1925 年 6 月，中共广东临时委员会指派邓中夏、杨殷、杨匏安、苏兆征等组成“党团”，组织领导省港大罢工，声援上海。杨殷利用在广州、香港的社会关系，深入工会和工人群众中做组织发动工作，并担负罢工期间的保卫工作。

1927 年 12 月，杨殷参与领导广州起义，负责总指挥部参谋团的工作，并在一线指挥战斗，率领敢死队攻下敌人的重要据点广州市公安局。广州起义后建立了广州苏维埃政府，张太雷任政府代主席，杨殷任政府肃反人民委员。张太雷牺牲后，杨殷继任广州苏维埃政府代理主席。广州起义失败后，杨殷指挥工人赤卫队，掩护工农红军正、副指挥叶挺、叶剑英率队撤向海陆丰（今广东省汕尾市），与彭湃一起展开粤东区游击战和土地革命运动。

1929 年 8 月 24 日，由于叛徒告密，杨殷与彭湃等一批共产党人在上海被捕。8 月 30 日，杨殷与彭湃等被秘密杀害于上海龙华，葬于上海龙华机场。1933 年 10 月，中华苏维埃共和国中央革命军事委员会决定，将中国工农红军第一步兵学校命名为中国工农红军彭（湃）杨（殷）步兵学校。

2009 年 9 月 14 日，杨殷被评为 100 位为新中国成立做出突出贡献的英雄模范之一。其女杨爱兰是光塔街道户籍居民，街道每逢节日都会去走访慰问。

谢爱琼创办妇孺医院 谢爱琼，生卒年不详，清末民初妇产科专家，被誉为“中国现代接生技术革新者、开拓者”。

谢爱琼曾在博济医院女病人部担任助理医生。当时民间接生大多是由接生婆上门接生，工具无非是一把剪刀加一盆开水，既不科学也不卫生，导致妇婴死亡率很高。谢爱琼感慨这种旧式接生的愚昧落后，清光绪三十三年（1907），她辞去博济医院的医职，独资在十六甫大街 70 号创办妇孺医院（留产院），设病床 17 张。医院引入先进的妇产科技术和设备，专为妇女助产接生，成为广东最早的妇女儿童医院。她增设产科讲习所（后改为产科医学校），培养掌握新法接生的人才。

谢爱琼

1912 年，谢爱琼扩大妇孺医院，在大市街（今惠福西路）建造楼高三层的新院，内附设产院。1930 年，产科医校改为助产学校。1932 年，将新院改为正院，原旧院改为分院，共有医师 4 人，病床近 90 张，每月平均接生 250 多人。

胡藻斌创办美术学校 胡藻斌（1897—1942），原名胡斌，字显声、翰青，号静观楼主，广东顺德人。

胡藻斌 叶曙明 提供

1914 年，胡藻斌与友人冯磊楸合力，在光塔街四牌楼创办以研究传统中国画为宗旨的若愚画学研究社，成员有岭南画派主要代表高剑父、陈树人等画家。1922 年，胡藻斌又在光塔街开办如是美术学校，继续推动岭南艺术的创新与发展。胡藻斌表面上教授画艺，实际上以此为掩护，进行政治活动。1912年，广东讨伐龙济光、驱逐滇桂军、护法诸役，他都有参与，不遗余力协助孙中山建立南方革命政权。1926 年，胡藻斌出任北伐军总政治部艺术组宣传主任。

胡藻斌是岭南画派中的大家，艺术造诣很高，诗、书、印、画，无一不精。绘画方面，工笔、写意、西画等样样皆通，擅画花鸟、走兽、人物，以孔雀、狮、虎最为突出。胡藻斌的书画作品被广东省博物馆、台北故宫博物院、澳门艺术博物馆、顺德博物馆与香港艺术博物馆收藏，在国际博览会上获奖。

黄少强以画笔绘时代 黄少强（1901—1942），名宜仕，字少强，号止庐，广东南海人。早年师承刘海粟，刘海粟称他为“代表这个时代的画家”。后来师承高奇峰、高剑父，高剑父称他是“特立独行之士”，高奇峰十分看重他。他中西画学兼修，是岭南画派中以人物画著称的画家。他敢于直面现实，提出“谱家国之哀愁，写民间之疾苦”的艺术主张，呼唤画家走向民间，走向社会。

1930年，赵少昂、黄少强在温良里毕公巷合办了岭南艺苑。1935年前后，黄少强在超然坊（后迁今纸行路通宁道10号）独办止庐画塾、“民间画馆”。1936年，周一峰、叶少秉、何漆园与赵少昂、黄少强等名画家均受聘于惠爱西路（今中山六路邮局对面）的广州市立美术专业学校中国画系任教。当时，何漆园居于今海珠中路三元巷，叶少秉住通宁道。其间，画家们经常在惠福西路得心茶楼（今得心酒楼）三楼雅集，切磋画艺、交流教学经验以及商讨举办“美学苑”“六人画会”画展等事宜。

黄少强自画像

黄少强一直致力于美术教育。1920年入广州美学馆，1926年在佛山美术学院任教，后任广州美专国画教授、主任等职。从1925年开始，先后在14个学校任教，培养了一批艺术家，其中包括陈凝丹（今为中国美术家协会会员、佛山画会会长，原名陈士炯，陈凝丹的名字是黄少强为他改的）、黄志坚（曾任广州画院副院长、广州美术家协会副主席）、谭勇（南京师范大学教师）、潘鹤（著名雕塑家）。

抗日战争时期，黄少强积极参与抗战宣传，以画笔作武器，绘下了一幅幅警世画作。1942年，黄少强去世后，留下一批书画作品。自1957年开始，黄少强后人先后把黄少强真迹无偿捐给广东美术馆、广州艺术博物院、广东省博物馆、佛山市博物馆、南海博物馆等国家收藏机构。2012年，黄少强纪念馆在通宁道10号建成。

黄继祖行医海珠中路　黄继祖（1909—1980），广东南海人。出生于医学世家，从小跟随祖父习医，继承了祖辈“恫瘝在抱，治病救人”的仁心仁术。

20世纪20年代，黄继祖到广州，在仁济路广泰行（药材南北行）当买卖手，积累了鉴别中药材质量的经验。20世纪50年代，药材行业公私合营，药材公司聘请黄继祖担任鉴别药材的顾问，还在惠福西路的福安药材店设点行医。由于能够把历代家传经验兼收并蓄，穷研方脉，精意诊切，黄继祖在广州中医药界颇负盛名。1958年起，他先后在海珠中路的广州市越秀区中医医院（今越秀区中医医院南院）和越秀区儿童医院任医师，1959年曾被选送到南京中医学院针灸师资班学习。

黄继祖对温病学说研究颇深，且能博采众家，有独到的见解。他认为温病统归风温，治疗突出清法，两者都应该认真钻研，他曾说："温病与伤寒同出一源，温病乃发伤寒之未尽，都是祖国医学的重要遗产。"在儿科临床上，黄继祖重视小儿生理特点与病理变化。他认为小儿是纯阳之体，稚阳之气，脏腑娇嫩，形气未充，疾病变化快，易好易坏，稍不小心，便会出现误诊，所以在"四诊"中要更注意结合形态和气色，辨别疾病虚实，用药才有奇效。

黄继祖在中医药领域经验丰富，德术双馨，1960年、1962年先后被选为越秀区第四、五届人大代表，1979年被广州市革命委员会授予"广州市名老中医"称号。黄继祖晚年与徒弟合编《中药辨用心得》，未及脱稿便去世。黄继祖生平博考历代医书，穷源究委，临终前一天还在研读清代吴瑭的《温病条辨》。

谭文彪创办谭氏健身院 谭文彪（1912—1981），祖籍广东中山县，出生于新加坡。创办"谭氏健身院"，被誉为"中国南派健美运动的开山祖"。

1946年，谭文彪在惠福西路五仙观前开设"谭氏健身学院"（20世纪50年代改名为"大众健身院"），是当时广州市第一间设备完善、面向普通市民的健身院。谭文标购置一批标准、新颖的体育器材，专门教举重、拳击和健身，培养了不少体育人才。中国第一位打破世界纪录的举重运动员陈镜开，就接受了谭文彪的启蒙训练。

"文化大革命"结束后，谭文彪被平反，重返广州，在五仙观复办谭氏健身院，继续从事群众健身事业。他多次为广州市民表演气功、杂技，如汽车过腹、头顶碎石、脑断铁丝、手卷扁铁、卧钉床、钻火圈、牙拉汽车、单车叠罗汉、三上吊、拳击、举重等。1978年9月，在广州举行的广东省第五届运动会上，谭文彪带领学员们表演的健身、气功和体育杂技等节目，赢得广大观众赞扬，并得到中共广东省委书记接见，授锦旗嘉勉。

谭文彪（中）与陈镜开（左一） 叶曙明 提供

1980年，谭文彪当选为越

秀区政协委员。1981 年 6 月 8 日，谭文彪因脑出血去世。

妇科名医罗元恺　罗元恺（1914—1995），字世弘，广东南海人。出生于中医世家，临床擅长内科、儿科、妇科，尤其精通妇科。生前曾居住在光塔街惠福西路扁担巷。

罗元恺

1930 年，罗元恺考入位于大德路的广东中医药专门学校，接受系统的医学教育和训练。1935 年，罗元恺以总成绩第一名毕业，并留校任附属的广东中医院医师和该校教师，讲授《金匮要略》课程兼内科杂病。

1956 年，罗元恺参与筹办广州中医学院，9 月，广州中医学院开学，罗元恺兼任学院的《金匮要略》教研组组长。1958 年，中医进修学校并入中医学院成为进修部，罗元恺兼任进修部主任兼妇儿科教研主任、院务委员会主任。1971 年，妇儿科分为两个教研室，他任妇科教研室主任，并作为学科带头人负责妇科的医疗、教学、科研工作。1977 年，罗元恺成为国内第一位中医教授。

艺文

历朝历代，光塔街以特有的文化魅力，吸引文人雅士在此留下诗文辞章。五仙观、众妙堂、岭南第一楼等文化景观，更成为文人雅士歌咏的对象。

碑刻选录

重修天庆观碑记[①]

道家之教，盖源于宗周之老聃，兴于有唐之明皇，盛于我宋之章圣。然则老子著道德二经，其言尽冲虚之理，非源而何？明皇宪章道宗，诏天下立开元观，非兴而何？真宗崇奉至道，祥符中敕州郡建天庆观，非盛而何？岭外都会，广府之西南有斯观焉，所以见尊崇之尤盛也已。皇祐四年，广源侬寇，乘不备沿流窃至番禺中城之外，延灾观宇，悉为煨烬。于是荒残，谁能修复？苟非富而好道，诚而求福者，又乌肯留意哉？五年濒巨浸，接诸蕃，飞航交集之地。治平中，有三佛齐地主都首领地华迦啰遣亲人至啰啰押舶到此，见斯观瓦解，遗塞芜没。时与蕃中一亲人回见地主，具道其事，于是欣然有向道崇起之心。至四年，再发思离沙文诣广闻府，始构大门建。熙宁元年，修殿未了，沙文复归。至二年，再来毕殿，并起府西之宣诏堂，仍回。至三年，地主又发亲人附物，及请庐山道士罗盈之住持本观，紫衣何德顺为监临。当年并乞以十万金钱买田，在观供奉。时会罗盈之复回旧山，其来人恳告藩司，坚乞申明请何德顺继住持。续建保真堂、北极殿、斋厅，以至塑绘天帝像位，拥从完集。何见沙文复归本蕃，而有志图全道门，思复灵迹，遂附疏于地主以诱谕之。适判官麻图华啰远怀文德，来贡琛賮，遂具章奏，愿备金钱修三清殿、御书阁及乞看童行，岁度一人，铸大钟，起钟楼。仍舍四十万金钱置田充广之需。朝廷嘉其意而允其请，各封美爵，就加地主以保顺慕化大将军，锡何德顺以崇道大师。迄元丰二年，阅月七八，莫不规模宏备，焕若洞府。清风时过，铃铎交音，晴日下临，金碧相照。向所谓四十万金钱之舍，买到南海县三桂村外洲龙湾岸田一顷九十亩零，岁收租谷七百五十八斛。清远县连塘村田植种九十斛二庄，岁

① 〔清〕郑荣等修，桂坫等纂：《〔宣统〕南海县志》。

收租米七百斛，入充道流之用。金钱各十万，在净慧寺置田，均为僧尼斋粥之费。其地主自修观以来，发舸舶跨洪涛之险，常得安济，无曩日之惊危，足验真灵之护祐也。若乃继举巨舟，获上清之美报，固可量□。余窃观异事，因崇道之请，乃为之记。时元丰二年重九日也。

判官保顺郎将麻图华啰　迦连缚图迦哪吔
功德主保顺慕化大将军地华迦啰
住持崇道大师赐紫何德顺立石

重建怀圣寺记[①]

奉议大夫广东道宣慰使司都元帅府经历郭嘉撰文

政议大夫同知广东道宣慰使司都元帅府副都元帅撒的迷失书丹

中奉大夫江浙等处行中书省参知政事僧家讷篆额

白云之麓，坡山之隈，有浮图焉。其制则西域，巙然石立，中州所未睹。世传自李唐讫今。蜗旋蚁陟，左右九转，南北其扃。其肤则混然，若不可级而登也，其中为二道，上出惟一户，古碑漶漫，而莫之或纪。寺之毁于至正癸未也，殿宇一空。今参知潮省僧家讷元卿公，寔元帅，是乃力为辇砾树宇，金碧载鲜。征文于予，而未之遑也。适元帅马合谟德卿公至，曰："此吾西天大圣擗奄八而马合麻也。其石室尚存，修事岁严。至者乃弟子撒哈八以师命来东。教兴，岁计殆八百。制塔三，此其一尔。因兴程租，久经废弛，选于众，得哈只哈散使居之，以掌其教。"噫！兹教崛于西土，乃能令其徒颛颛帆海，岁一再周，堇堇达东粤海岸，逾中夏，立教兹土。其用心之大，用力之广，虽际天极地，而犹有未为已焉。且其不立象教，惟以心传，亦仿佛达磨。今觇其寺宇空洞，阒其无有像设，与其徒日礼天祝釐，月斋戒惟谨，不遗时刻晦朔，匾额"怀圣"。其所以尊其法，笃信其师教，为何如哉！既一毁荡矣，而殿宇宏敞，广厦周密，则元卿公之功焉。常住无隐，徒众有归，则德卿公之力焉。呜呼！不有废也，其孰以兴？不有离也，其孰与合？西东之异俗，古今之异世，以师之一言，历唐宋五代，四裂分崩，而卒行乎昭代四海一家之盛世，于数十万里之外、十百千年之后，如指如期，明圣已夫！且天之所兴，必付之人。虽灰烬之余，而卒昭昭乎成于二公之手，使如创初，又岂偶然哉？遂为之辞曰：

① 冼剑民、陈鸿钧编:《广州碑刻集》，广东高等教育出版社，2006 年。

复制元至正十年《重建怀圣寺记》石碑（2019年）

天竺之西，曰维大食。有教兴焉，显诸石室。遂逾中土，阐于粤东。中海外内，窣堵表雄。乃立金鸡，翘翼半空。商舶是脉，南北其风。火烈不渝，神幻靡穷。珠水溶溶，徒集景从。甫田莽苍，复厦穹窿。寺曰怀圣，西教之宗。

至正十年八月初一日，当代住持哈只哈散

中顺大夫同知广东道宣慰使司都元帅府副都元帅马合谋

广州重修五仙祠记[①]

广为南海郡治，番禺之山，而城以五羊得名，所从来远。参考南越岭表诸记录并图经所载，初有五仙人，皆手持谷穗，一茎六出，乘羊而至。仙人之服与羊各异，色如五方。既遗穗与广人，仙忽飞升以去，羊留化为石。广人因即其地为祠祠之，今祠地是也。然所传时代不一，或以谓繇汉赵佗时，或以谓吴滕修时，或以谓晋郭璞迁城时。说

① 高旭红编著：《五仙观金石》，广东人民出版社，2016 年。

北宋政和四年《广州重修五仙祠记》石碑（2015年）
越秀区博物馆　提供

虽不一，要其大致则同。汉距今千三百余年，而吴晋亦九八百余年，前此未之有改也。乃者守吏更治州舍，辄迁祠他所，后守继以其地斥酒室。真仙失故处，非徒神之不安也，而人亦不安。岁多盲风怪雨，疫疠间作，或海溢水潦为患，州人咸以谓五仙失所处而然，愿还其旧有日矣。政和三年春二月，余自乡郡移守此州。夏四月至官，闻州人之说，访问故址，犹有存者。又因读昔守程公师孟诗云：“欲举轻身上碧虚，善邻犹得道流居。”及蒋公之奇诗云：“州宅之西敞华堂，我来跪拜焚宝香。堂中塑像何所见，乃有五仙乘五羊。”二公近在熙宁、元祐间，则知其迁徙亦未久。今不复，将遂失其故处。遗迹扫矣，名存实废，后何所考据？秋八月乃即故地规度，还其所侵，畚除瓦砾草莱，以胥栋宇。恭承元圭，冬祀赦文，应古迹坛场、福地灵祠圣迹所在，令守令常严加崇奉，繇是滋不敢置。明年八月祠成，其月廿七日，奉旧像并五石还祠。维守土之臣，事神治民，皆其本职，矧朝廷命令丁宁如是，其敢弗虔？予且代去，虑来者□不知，又□□之者，谨书以告，期永无废焉。十月十五日。长乐张劢记。

重建怀圣塔寺之记①

〔清〕拜音达礼②

余行天下多矣，所见浮图，无不七级而上，六面通门者。始至广州，登高遥望，有特立十余丈若华表然，耸出城中，上锐而外圆，古色苍翠。问之，曰怀圣寺浮图也。既而稽其年代，盖建于唐之贞观，有古碑焉，然不可读矣。得元至正碑，备载为西天大圣，石室之教，其徒奉命，至今唯谨。东来兴教，建塔者三，此其一也。其铭云："乃立金鸡，翘翼半空。"与郡志所载金鸡随风南北之言相合，特志不能详。教之自来何，考据之疏也。碑载寺至正癸未毁于火，元帅僧加讷马合谋兴之，而志载成化中都御史韩雍重建，则千年之间，寺之废兴不知凡几！而此塔则岿然独存，固其形势峻峭，风火所不能侵，而创造者工力心力之精坚深远，固非后世所得而及也。余常观于其寺，不设像，不立位，阒然堂陛，清洁无尘，其人惟竭诚致礼以事天，而其色尚白，西方之色也。在《易》乾为天、为金，而位于西。西，金方也。金性坚刚，而于五德为义，故其人尚义而勇敢，所谓西天之强者欤？西天之圣，夫亦因其资以立教者也。寺居广州城中光塔街，本朝定鼎，城为藩兵所驻三十余年，而寺之礼拜未常或辍。比以木石朽泐，乃尽撤而新之，经营三载，工力浩大，而不假于外助，皆其教中自成之，以其代有掌教之人，故屡经变乱而卒不废。寺既落成，以纪事之文来请。闻之仲尼曰："天何言哉！四时行焉，百物生焉，天何言哉！"其所谓天命之性，率性之道，修道之教，反覆千万言，皆为不信天者而发耳。石室之教，不立儒者文字，与达摩西来之旨若有相似。然达摩以心为宗，而石室之教以天为本。且五伦之礼，不悖于儒者，究其指归，似于孔门之道为近。世徒以其国近天竺，自西而东，而寺塔之属，有类于释氏，遂欲比而同之，其亦未之审矣。余嘉其人，信天之诚，奉教之谨，而修事之勇也。为之铭曰：

---

① 〔清〕郑荣等修，桂坫等纂：《〔宣统〕南海县志》。

② 拜音达礼，镇守广东将军，一等阿达哈哈番。

复制《重建怀圣塔寺记》石碑（2019年）

金天之域，其教不一。石室之传，以敬为质。厥事维天，天又何言。不立名像，其中洞然。建塔东土，已阅百纪。风霜不蚀，烈火不毁。寺之兴衰，则关运数。元明之盛，其兴已屡。际此熙朝，殿宇从新。崔嵬炳焕，上彻紫宸。千春不沫，秉教之职。纪其岁时，寿此贞石。

时康熙三十七年岁次戊寅仲春谷旦

镇守广东等处地方将军世袭一等阿达哈哈番拜音达礼撰文

镇守广东等处地方副都统牛钮书丹

镇守广东等处地方副都统魏黑纳篆额

重修观音古楼敬建妙吉祥室记[①]

〔民国〕舒澹庵

窃维善恶之机，动于一念，善念偶动，机斯应之。若善机相应，则佛天护佑，机缘巧合有不期然而然者。本室原名万善宫，所供观世音菩萨法像，乃有清尚藩入粤所载南来四像之一。建立斯宫，坐镇南隅，二百年来，瑞应昭著，莫能殚述。最灵显者：同治甲戌，火不成灾；民国乙卯，魔不为厉。盖以此区士庶信佛最笃，以此善报灵感默应者欤？辛亥以后，象教凌夷，四大丛林，鞠为茂草，独此危楼一角巍然犹在。中经寺僧奸生肘腋，伪造卖契，化公为私，幸而佛诱其衷，自书真相，据以定谳，璧返珠还。同人等三载经营，以善相劝，不假缘助，轮奂一新。易以今名“妙吉祥”者，寓祝佛教同兴，吉祥光放也。当时张灵川、赵凯臣两君首倡重修，舒澹庵君则力御外侮，傅星垣君则终任其成，而傅启隆、关凤臣、傅觉民、何芝生诸君，尤能不惮艰险，奔走襄赞。其余政、法、商三界，若许崇清、陈宝尊、张百川、何时杰、文铁琴、卢宝永、黄少棠、钟慈普、梁立棨、唐雨三、杜之杕、吴英华、杜瑄英、陈舜臣诸君；佛子若谛闲、宝静、广修三法师；女界若梁定慧、傅道清两居士，类皆因时应变，化险为夷。其中种种机缘，诚有莫之为而为，莫之致而致者。谓非诸君子善念坚定，仰邀慈眷，乌能默相厥成若此哉？同人等敢贪天功以为己力？谨撮录事实泐石，以垂不朽者，亦见人定自可胜天，善恶之念，不容一息稍忽云尔。

民国二十四年岁次乙亥十二月佛腊日
澹庵舒谦如恭撰
星垣傅祥聚敬书

南粤先贤馆记

黄天骥

南粤居五岭之南，绿野连阡，雄州雾列。临沧海之烟波，接中原之毓秀。此地千百斯年，英豪辈出，既有世居桑梓，根植炎方，亦有囊书仗剑，迤逦南来。同造福粤海苍生，汇聚成岭南文化。我省市众位领导，为纪先贤功烈，发扬优良传统，乃倡建南粤先贤馆。首批入列者，计五十六位。先贤或施政廉明，关情疾苦，受人民之拥戴；或保家卫国，横刀跃马，洒热血于疆场；或深研哲理，启蒙发聩；或纵情诗画，文采飞扬；或

① 高旭红编著:《越秀碑刻》，广东人民出版社，2017 年。

办教育以开民智，或倡科学而导先路；又或矢志维新，直面世界潮流；更有高举民主革命大旗，推翻千年帝制。殊勋厚德，滋润天南，功在神州，光昭寰宇。今先贤馆选址，与五仙观为邻。经多年筹策，拓土鸠工，卒告于成。遂见隔叶鹂鸣，曲廊翠绕，图塑灵动，奕奕传神。况五仙观素有羊城祖庙之称，于是民间传说，先贤史绩，圆融一统，韵脉相连。广大群众，莅临参观，知岭南文化，广纳百川，源远流长，属中华之一系。更知列宗列祖，情怀家国，或殚思而竭虑，或舍死以忘生。名垂千古，仪型尚在。我世世代代，子子孙孙，流连景仰，抚今追昔，既堪自豪，尤应惕砺。共期发奋图强，秉承南粤先贤之绪；开拓创新，同圆振兴中国之梦。

二零一六年十二月南粤先贤馆立黄天骥撰文

《南粤先贤馆记》石碑（2019年）

诗词选粹

登蒲涧寺后二岩（一）[①]

〔唐〕李群玉[②]

五仙骑五羊，何代降兹乡。
涧有尧年韭，山余禹日粮。
楼台笼海色，草树发天香。
浩啸波光里，浮溟兴甚长。

送李明府之任海南[③]

〔唐〕皮日休[④]

五羊城在蜃楼边，墨绶垂腰正少年。
山静不应闻屈鸟，草深从使翳贪泉。
蟹奴晴上临潮槛，燕婢秋随过海船。
一事与君消远宦，乳蕉花发讼庭前。

---

① 周振甫主编：《唐诗宋词元曲全集·全唐诗》第11册，黄山书社，1999年。
② 李群玉（808—862），字文山，澧州人，唐大中年间（847—859）任弘文馆校书郎。
③ 周振甫主编：《唐诗宋词元曲全集·全唐诗》第12册，黄山书社，1999年。
④ 皮日休（约838—约883），字袭美，号逸少，复州竟陵（今湖北天门）人，文学家。

送刘禹锡侍御出刺连州[①]

〔唐〕殷尧藩[②]

遐荒迢递五羊城，归兴浓消客里情。
家近似忘山路险，土甘殊觉瘴烟轻。
梅花清入罗浮梦，荔子红分广海程。
此去定知偿隐趣，石田春雨读书耕。

寄南海黄尚书[③]

〔唐〕黄滔[④]

五羊城下驻行车，此事如今八载余。
燕颔已知飞食肉，龙门犹自退为鱼。
红楼入夜笙歌合，白社惊秋草木疏。
西望清光寄消息，万重烟水一封书。

广州越王台呈蒋帅待制[⑤]

〔北宋〕郭祥正[⑥]

番禺城北越王台，登临下瞰何壮哉。
三城连环铁为瓮，睥睨百世无倾摧。
蕃坊翠塔卓椽笔，欲蘸河汉濡烟煤。
沧溟忽见飓风作，雪山崩倒随惊雷。
有时一碧渟万里，洗濯日月光明开。
屯门钲铙杂大鼓，舶船接尾天南回。
斛量珠玑若市米，担束犀象如肩柴。
越王胡为易驯服，陆生辩与秦仪偕。

① 周振甫主编:《唐诗宋词元曲全集·全唐诗》第 9 册，黄山书社，1999 年。
② 殷尧藩（780—855），秀州人，唐元和九年（814）进士，官至侍御史。
③ 周振甫主编:《唐诗宋词元曲全集·全唐诗》第 13 册，黄山书社，1999 年。
④ 黄滔，字文江，莆田人，唐乾宁二年（895）进士，官至监察御史里行。
⑤ 林兆祥编著:《唐宋咏粤诗选注》，南方日报出版社，2013 年。
⑥ 郭祥正（1035—1113），字功父，一作功甫，北宋皇祐五年（1053）进士，历太子中舍等职。

当时贡物竟何有，汉家宫殿今蒿莱。
邦人每逢二月二，熙熙载酒倾城来。
元戎广宴命宾客，即时海若收风霾。
群心愈喜召和气，百伎尽人呈优俳。
乐声珊珊送妙舞，春色盎盎浮樽罍。
鬼奴金盘献羊禹，蔷薇瓶水倾诸怀。
嗟余老钝已茅塞，坐视珠履惭追陪。
青蝇何知附骥尾，伯乐底事矜驽骀。
番禺虽盛公岂爱，亭亭自是岩廊材。
千年故事写长句，指画造化回枯荄。
昌黎气焰遂低缩，瓦砾未足当琼瑰。
仙姿劝公莫妄想，元鼎久待调盐梅。

南海百咏（节选）[①]

〔南宋〕方信孺[②]

南濠

在共乐楼下，限以闸门，与潮上下，盖古西澳也。景德中高绅所辟，维舟于是者无风波恐，民常歌之。其后开塞不常。

经营犹记旧歌谣，来往舟人趁海潮。
风物眼前何所似，扬州二十四红桥。

众妙堂

在天庆观之西偏（今元妙观），昔道士何德顺所作，东坡为之记并赋诗。

妙处常存道岂高，个中得意自陶陶。
空堂寂寞丰碑在，观裹何人复种桃。

① 方信孺等撰，刘瑞点校:《南海百咏·南海杂咏·南海百咏续编》，广东人民出版社，2010年。

② 方信孺（1177—1222），字孚若，福建莆田人，推恩荫补为番禺尉。

清代五仙观牌楼　　　　叶曙明　提供

寓五仙观怀孝兄[1]

〔明〕何维柏[2]

烟霞堆里访仙家，楼观崔巍阅岁华。
芝草绿荒台下路，碧桃香老洞中花。
天连缑岭从骑鹤，水接银河好泛槎。
客爱晚凉成久坐，钟声几杵散栖鸦。

---

① 孙卫明：《五仙古观》，羊城晚报出版社，2008 年。
② 何维柏（1510—1588），字乔仲，号古林，谥端恪，广州府南海县人，历大理寺少卿等职。

婆侯戏韵效宫体寄侍御梁仲玉[①]

〔明〕邝露

东粤古扬州，新年竞冶游。月规麋作镜，人叠彩为楼。
百花装宝树，万舞杂名讴。逐电骄花马，垂星服幰牛。
穗石神羊观，坡山古渡头。结友皆无忌，邀欢尽莫愁。
倾国复倾城，千金一笑轻。逢场先作戏，遇酒辄忘酲。
翠袖衔恩割，鱼肠任侠行。面粉分何晏，眉山蹙长卿。
书裙邀大令，捉麈倩宁馨。鲛镫连海市，鳌岳擎天起。
熏愁苏合香，洒醉蔷薇水。琵琶弹木鱼，锦瑟传香蚁。
鬼面饰丹铅，仙袂飘纨绮。三条鞚似云，九陌平如纸。
宵分兴转酣，车马更骖驔。跳丸挥玉剑，走索上烟岚。
降龙还伏虎，狰狞百兽舞。巴蛇蜕象骼，神鲲振鹏羽。
天门斩鬼伯，地狱降魔主。幻人出化城，天梯灭金炬。
玉兔媵灵娥，游鹿胎仙女。歘讶泰山倾，流观沧海竖。
鸟兽忘其曹，鱼龙相噓乳。官山神珥蛇，府水王驱雨。
争看火树回，莫惜玉山颓。尧蓂初满荚，舜琯乍飞灰。
风吹长乐漏，花落寿阳梅。北斗低秦岭，东星上汉台。
王孙游未返，公子讵归来。并辔元宵马，同心长命杯。
民谣歌乐只，圣寿赞康哉。独有供驴令，难容司马才。

题马都统瑞图坡山八景图[②]

〔清〕杭世骏[③]

坡翁仙去山仍在，妙景凭君画出难。
茂树日高犹弄影，碧池风起自生澜。
幽禽唤客花侵座，诗将吟秋月浸坛。
邻并久输怀圣塔，隔墙时得点头看。

---

① 〔明〕邝露撰，黄灼耀校点，杨明新注释：《峤雅》，广东高等教育出版社，1990 年。

② 孙卫明：《五仙古观》，羊城晚报出版社，2008 年。

③ 杭世骏（1695—1773），字大宗，号堇浦，清乾隆元年（1736）任御史，晚年主讲广东粤秀和江苏扬州两书院。

南海百咏续编（节选）[①]

〔清〕樊封[②]

赐书楼

在西城官禄巷，明大学士方献夫尊藏《明伦大典》处也。文敏不洽于乡评，《大典》有戾夫清议。未几而黄卷成尘，红楼易主矣。

大典初刊大狱兴，神州板荡此先征。

党人曲笔成议私，俯首何颜对景陵。

楼毁于乱兵。撤藩后归入旗境，今为满洲正红旗官马圈。堂墀柱础尚多旧物。校人尝获旧砖，背有“阁老府砖，富寿万年”字焉。巷后即阁老府，门堂未改，石坊仍存，亦为正黄、正红旗协领署也。

福地巷

在西门擢甲里内。明侍讲学士伦文叙世居也，伯畴父子昆弟俱由儒士擢鼎甲，一时荣盛，故里号“擢甲”、巷名“福地”焉。通衢尚存“父子鼎甲”坊。

鼎甲频抡世业堂，金针绣出几鸳鸯。

里称福地同冠盖，壁有莲灯笏半床。

案，伦文叙，弘治己未科状元。长子以谅，正德庚辰科探花。次子以训，正德丁丑科榜眼。文叙官侍讲，谅官主事，训官祭酒。故宅完好，其“世业堂”尚存，今为水师佐领公署。

看竹亭

在西门内诗书街。明参议张诩别业也，街因诩得名。故宅改为满洲镶白、正蓝旗协领公署，别业半为佛寺，竹亭久圮，惟诩之咏竹诗碑尚存武帝祠前，字迹依稀可扪也。

粉箨幽篁冷和烟，半宪鹤语不胜圆。

欲寻孤凤琅玕坞，应向仁王古寺前。

诩，南海人，号东所。彭韶称其诗，曰：“此岭南孤凤也。”尝从白沙游，白沙称其“学近自然。”所居之别业，即唐代仁王寺故址。仁王寺为岭表上刹，魏校毁之，改建紫阳书院。所余西圃，诩买为竹坞，筑亭居之。

---

① 樊封等撰，刘瑞点校：《南海百咏·南海杂咏·南海百咏续编》，广东人民出版社，2010年。

② 樊封（1789—1876），字昆吾，广州驻防汉军正白旗人，清同治九年（1870）副贡生，曾任学海堂学长。

参卿坊

在西门纸行街，明南京户部、兵部侍郎黄衷题名坊也，摧残殆尽，仅余两柱，道光初里人稍葺之，仍其旧榜，曰："贰部参卿"。坊下即衷故宅。

甲第成尘蔓草封，里门犹表少司农。
行人不识谭天馆，记得斋西树似龙。

衷，字子和，南海人。历仕有声，尝卜宅纸行街，颇饶隐趣。有"谭天馆""绿荫坪"诸构。著述甚多，今惟《海语》行世。国变后宅为佐领公署。乾隆初，裁汰斯秩，署遂废。予家世居之屋背老榕广荫一亩，数百年植也。春时萌叶，三城即冻解，历试弗爽。

同屈五过五羊观[①]

〔清〕朱彝尊

仙人骑五羊，堕地化为石。
石今在琳观，仙人去无迹。
屈生嗜奇古，偶坐荫松柏。
摩挲汴京碑，不觉日西夕。

过坡山访池中仙迹[②]

〔清〕车腾芳[③]

曙风如缕散云岑，咫尺仙迹路许寻。
紫阁飘零霜气冷，碧池清浅月痕深。
浮邱西去知何日，沧海东行又至今。
踏破山河成往事，独留跣迹石苔阴。

---

① 孙卫明:《五仙古观》，羊城晚报出版社，2008 年。

② 孙卫明:《五仙古观》，羊城晚报出版社，2008 年。

③ 车腾芳，字图南，一字蓼洲，番禺人，清康熙五十九年（1720）举人，乾隆五年（1740）荐举博学鸿儒。

岭南第一楼木棉[①]

〔清〕石元辉

第一楼开第一花，烛天照海吐丹砂。
黎明正气钟神秀，木德重光灿物华。
干抱九衢行地日，影烧三月渡江霞。
云龙百尺时翘首，绝代文章冠万家。

文选

进岭南王馆市舶使院图表[②]

〔唐〕王虔休[③]

臣某言：臣闻无翼而飞者声也；无根而固者情也；无方而富者生也。圣恩以臣谨声教，固物情，严为防禁，以尊其生。由是梯山航海，岁来中国；镇安殊俗，皆禀睿图。伏以承前虽有命使之名，而无责成之实，但拱手监临大略而已，素无簿书，不恒其所。自臣亲承圣旨，革划前弊，御府珍贡，归臣有司，则郡国之外，职臣所理。敢回天造，出臣匪躬。近得海阳旧馆，前临广江，大槛飞轩，高明式叙；崇其栋宇，辨其名物；陆海珍藏，徇公忘私。俾其戴天捧日，见圣人一家之为贵；穷祥极瑞，知天子万方之司存。今年波斯古逻本国二舶，顺风而至，亦云诸蕃君长，远慕望风，宝舶荐臻，倍于恒数。臣奉宣皇化，临而存之，除供进备物之外，并任蕃商，列肆而市，交通夷夏，富庶于人。公私之间，一无所阙；车徒相望，城府洞开。于是人人自为，家给户足，而不知其然。况北户之孱颜，南冥之睢盱。国异俗泰而安宅，生振忘归而乐业。百宝从货，罔

① 孙卫明:《五仙古观》，羊城晚报出版社，2008 年。
② 周绍良主编:《全唐文新编》第 3 部第 1 册，吉林文史出版社，2000 年。
③ 王虔休（737—799），字君佐，汝州人，唐贞元年间（785—805）任步军都虞侯，累加御史中丞。

魅于人心；群瑞效灵，顾怀于天宪。臣谬专任重，启处不遑，供国之诚，庶有恒制。海门之外，隐若敌国；海门之内，宣知变风。后述职于此者，但资忠履信，守而勿失。不刊之典，贻厥将来。圣恩以军府交代之际，委臣在镇，不获捧图陈荐，拜舞天庭，无任感恋惭惶之至。

众妙堂记[①]

〔北宋〕苏轼

眉山道士张易简，教小学，常百人，予幼时亦与焉。居天庆观北极院，予盖从之三年。谪居海南，一日梦至其处，见张道士如平昔，汛治庭宇，若有所待者，曰："老先生且至。"其徒有诵《老子》者曰："玄之又玄，众妙之门。"予曰："妙一而已，容有众乎？"道士笑曰："一已陋矣，何妙之有。若审妙也，虽众可也。"因指洒水薙草者曰："是各一妙也。"予复视之，则二人者手若风雨，而步中规矩，盖焕然雾除，霍然云散。予惊叹曰："妙盖至此乎！庖丁之理解，郢人之鼻斫，信矣！"二人者释技而上，曰："子未睹真妙，庖、郢非其人也。是技与道相半，习与空相会，非无挟而径造者也。子亦见夫蜩与鸡乎？夫蜩登木而号，不知止也。夫鸡俯首而啄，不知仰也。其固也如此。然至蜕与伏也，则无视无听，无饥无渴，默化于荒忽之中，候伺于毫发之间，虽圣知不及也。是岂技与习之助乎？"二人者出。道士曰："子少安，须老先生至而问焉。"二人者顾曰："老先生未必知也。子往见蜩与鸡而问之，可以养生，可以长年。"广州道士崇道大师何德顺，学道而至于妙者也。故堂榜曰"众妙"。以书来海南，求文以记之。予不暇作也，独书梦中语以示之。戊寅三月十五日，蜀人苏轼书。

萍洲可谈（节选）[②]

〔北宋〕朱彧[③]

广州市舶司旧制：帅臣漕使领提举市舶事，祖宗时谓之市舶使。福建路泉州，两浙路明州、杭州，皆傍海，亦有市舶司。崇宁初，三路各置提举市舶官，三方唯广最盛，官吏或侵渔，则商人就易处，故三方亦迭盛衰。朝廷尝并泉州舶船令就广，商人或不便之。

---

① 孔凡礼点校：《苏轼文集》，中华书局，1986年。

② 〔宋〕朱彧撰：《萍洲可谈》，上海古籍出版社，2012年。

③ 朱彧，字无惑，湖州乌程人，北宋地理学家。

广州自小海至溽洲七百里，溽洲有望舶巡检司，谓之一望，稍北又有第二、第三望，过溽洲则沧溟矣。商船去时，至溽洲少需以诀，然后解去，谓之“放洋”。还至溽洲，则相庆贺，寨兵有酒肉之馈，并防护赴广州。既至，泊船市舶亭下，五洲巡检司差兵监视，谓之“编栏”。凡舶至，帅漕与市舶监官莅阅其货而征之，谓之“抽解”，以十分为率，真珠龙脑凡细色抽一分，玳瑁苏木凡粗色抽三分，抽外官市各有差，然后商人得为己物。象牙重及三十斤并乳香，抽外尽官市，盖榷货也。商人有象牙稍大者，必截为三斤以下，规免官市。凡官市价微，又准他货与之，多折阅，故商人病之。舶至未经抽解，敢私取物货者，虽一毫皆没其余货，科罪有差，故商人莫敢犯。

广州市舶亭枕水有海山楼，正对五洲，其下谓之小海，中流方丈余，舶船取其水，贮以过海，则不坏。逾此丈许取者并汲井水，皆不可贮，久则生虫，不知此何理也。舶船去以十一月、十二月，就北风，来以五月、六月，就南风。船方正若一木斛，非风不能动。其樯植定而帆侧挂，以一头就樯柱如门扇，帆席谓之“加突”，方言也。海中不唯使顺风，开岸就岸风皆可使，唯风逆则倒退尔，谓之使三面风，逆风尚可用矴石不行。广帅以五月祈风于丰隆神。

甲令：海舶大者数百人，小者百余人，以巨商为纲首、副纲首、杂事，市舶司给朱记，许用笞治其徒，有死亡者籍其财。商人言船大人众则敢往，海外多盗贼，且掠非诣其国者，如诣占城，或失路误入真腊，则尽没其舶货，缚北人卖之，云：“尔本不来此间。”外国虽无商税，而诛求，谓之献送，不论货物多寡，一例责之，故不利小舶也。舶船深阔各数十丈，商人分占贮货，人得数尺许，下以贮物，夜卧其上。货多陶器，大小相套，无少隙地。海中不畏风涛，唯惧靠阁，谓之“凑浅”，则不复可脱。船忽发漏，既不可入治，令鬼奴持刀絮自外补之，鬼奴善游，入水不瞑。舟师识地理，夜则观星，昼则观日，阴晦观指南针，或以十丈绳钩，取海底泥嗅之，便知所至。海中无雨，凡有雨则近山矣。商人言舶船遇无风时，海水如鉴。舟人捕鱼，用大钩如臂，缚一鸡鹜为饵，使大鱼吞之，随其行半日方困，稍近之，又半日，方可取，忽遇风，则弃。或取得大鱼不可食，剖腹求所吞小鱼可食，一腹不下数十枚，枚数十斤。海大鱼每随舶上下，凡投物无不啖。舟人病者忌死于舟中，往往气未绝便卷以重席，投水中，欲其遽沉，用数瓦罐贮水缚席间，才投入，群鱼并席吞去，竟不少沉。有锯鲨长百十丈，鼻骨如锯，遇舶船，横截断之如拉朽尔。舶行海中，忽远视枯木山积，舟师疑此处旧无山，则蛟龙也，乃断发取鱼鳞骨同焚，稍稍没水中。凡此皆危急，多不得脱。商人重蕃僧，云度海危难祷之，则见于空中，无不获济，至广州饭僧设供，谓之“罗汉斋”。

北人过海外，是岁不还者，谓之“住蕃”；诸国人至广州，是岁不归者，谓之“住唐”。广人举债总一倍，约舶过回偿，住蕃虽十年不归，息亦不增。富者乘时畜缯帛陶货，加其直与求债者，计息何啻倍蓰。广州官司受理，有利债负，亦市舶使专敕，欲其流通也。

广州蕃坊，海外诸国人聚居，置蕃长一人，管勾蕃坊公事，专切招邀蕃商入贡，用蕃官为之，巾袍履笏如华人。蕃人有罪，诣广州鞫实，送蕃坊行遣。缚之木梯上，以藤杖挞之，自踵至顶，每藤杖三下折大杖一下。盖蕃人不衣裈裤，喜地坐，以杖臀为苦，反不畏杖脊。徒以上罪则广州决断。

蕃人衣装与华异，饮食与华同。或云其先波巡尝事瞿昙氏，受戒勿食猪肉，至今蕃人但不食猪肉而已。又曰汝必欲食，当自杀自食，意谓使其割己肉自啖，至今蕃人非手刃六畜则不食，若鱼鳖则不问生死皆食。其人手指皆带宝石，嵌以金锡，视其贫富，谓之指环子，交阯人尤重之，一环直百金，最上者号猫儿眼睛，乃玉石也，光焰动灼，正如活者，究之无他异，不知佩袭之意如何。有摩挲石者，辟药虫毒，以为指环，遇毒则吮之立愈，此固可以卫生。

广州杂俗，妇人强，男子弱。妇人十八九，戴乌丝髻，衣皂半臂，谓之“游街背子”。乐府有“菩萨蛮”，不知何物，在广中见呼蕃妇为“菩萨蛮”，因识之。广州蕃坊，见蕃人赌象棋，并无车马之制，只以象牙、犀角、沈檀香数块，于棋局上两两相移，亦自有节度胜败。予以戏事，未尝问也。

余在广州，尝因犒设，蕃人大集府中。蕃长引一三佛齐人来，云善诵《孔雀明王经》。余思佛书所谓《真言》者，殊不可晓，意其传讹，喜得为证，因令诵之。其人以两手向背，倚柱而呼，声正如瓶中倾沸汤，更无一声似世传《孔雀真言》者。余曰其书已经重译，宜其不同，但流俗以此书荐亡者，不知中国鬼神如何晓会。

顷年在广州，蕃坊献食，多用糖蜜脑麝，有鱼虽甘旨，而腥臭自若也，唯烧笋菹一味可食。

番禺海獠[1]

〔南宋〕岳珂[2]

番禺有海獠杂居，其最豪者蒲姓，号白番人，本占城之贵人也。既浮海而遇风涛，惮于复反，乃请于其主，愿留中国，以通往来之货。主许焉，舶事实赖给其家。岁益久，定居城中，屋室稍侈靡逾禁。使者方务招徕，以阜国计，且以其非吾国人，不之问，故其宏丽奇伟，益张而大，富盛甲一时。绍熙壬子，先君帅广，余年甫十岁，尝游焉。今尚识其故处，层楼杰观，晃荡绵亘，不能悉举矣。然稍异而可纪者，亦不一，因录之以示传奇。

獠性尚鬼而好洁，平居终日，相与膜拜祈福。有堂焉，以祀名，如中国之佛，而实无像设。称谓聱牙，亦莫能晓，竟不知何神也。堂中有碑，高袤数丈，上皆刻异书如篆籀，是为像主，拜者皆向之。日辄会食，不置匕箸，用金银为巨槽，合鲑炙、粱米为一，洒以蔷露，散以冰脑。坐者皆置右手于褥下不用，曰此为触手，惟以溷而已，群以左手攫取，饱而涤之，复入于堂以谢。居无溲匽。

有楼高百余尺，下瞰通流，谒者登之。以中金为版，施机蔽其下，奏厕铿然有声，楼上雕镂金碧，莫可名状。有池亭，池方广凡数丈，亦以中金通甃，制为甲叶而鳞次，全类今州郡公宴燎箱之为而大之，凡用鉟铤数万。中堂有四柱，皆沉水香，高贯于栋，曲房便榭不论也。尝有数柱，欲羾于朝，舶司以其非常有，恐后莫致，不之许，亦卧庑下。

后有窣堵波，高入云表，式度不比它塔，环以甓，为大址，絫而增之，外圜而加灰饰，望之如银笔。下有一门，拾级以上，由其中而圜转焉如旋螺，外不复见其梯磴。每数十级启一窦，岁四五月，舶将来，群獠入于塔，出于窦，啁哳号呼，以祈南风，亦辄有验。

绝顶有金鸡甚钜，以代相轮，今亡其一足。闻诸广人，始前一政雷朝宗涿时，为盗所取，迹捕无有。会市有窭人鬻精金，执而讯之，良是，问其所以致，曰："獠家素严，人莫闯其藩。予栖梁上，三宿而至塔，裹麨粮，隐于颠，昼伏夜缘，以刚铁为错，断而怀之，重不可多致，故止得其一足。"又问其所以下，曰："予之登也，挟二雨盖，去其柄。既得之，伺天大风，鼓以为翼，乃在平地，无伤也。"盗虽得，而其足卒不能补，

---

① 〔南宋〕岳珂撰，吴敏霞校注：《桯史》，三秦出版社，2004 年。

② 岳珂（1183—1243），字肃之，号亦斋，晚号倦翁，岳飞之孙，历户部侍郎等职。

以至今。

他日，郡以岁事劳宴之，迎导甚设，家人帷观，余亦在，见其挥金如粪土，舆皂无遗，珠玑香贝，狼藉坐上，以示侈。帷人曰："此其常也。"后三日，以合荐酒馔烧羊以谢大僚，曰："如例。"龙麝扑鼻，奇味不知名，皆可食，迥无同槽故态。羊亦珍，皮色如黄金，酒醇而甘，几与崖蜜无辨。独好作河鱼疾，以脑多而性寒故也。余后北归，见藤守王君兴翁诸郎，言其富已不如曩日，池匽皆废，云泉亦有舶獠，曰"尸罗围"，赀乙于蒲，近家亦荡析。意积贿聚散，自有时也。

南海县儒学记①

〔明〕丘濬②

王者之化与圣人之教并驾而偕行，郡县所至之处，学校随之无间于迩遐。南海在中国极南之徼，孔子没后二百十有六年始入中国，适在儒道厄绝之世，历汉晋而隋唐至宋庆历以后，学校之制始备。南海古郡也，隋开皇世始以名县。县学旧附于郡学西庑之下，元初始徙于今所，薄于民居，甚隘且陋。景泰初姑苏韩公来贰广，宪始谋大之，首徙旁近居民四家，以地益学。规画甫定，公擢任还朝，功弗克究，又若干年，公自都台出督两广边务，武事既修，即慨然欲毕前志，乃出官帑白金若干，授藩臬二府俾左布政使张公瑄、按察使宁公良等经营之，而以提学胡公荣专任其事。曾未逾时，凡学校规制所当建置者，昔所未有及有未备备而或废坏者，一旦咸截然方正，窿然高大，完然周致，焕然明丽，甚称都宪公作兴之盛意，藩臬诸公间遣南海文学陈元赉书浮梁来征予记，惟圣人之道，推而放之四海而准，儒道不立则王化不行，南海在秦世已入中国，方是时诗书之教废而仁义之泽竭，世惟刑名功利是用，华夏且不有于儒道而况四远之外哉。汉兴始崇文教，重经术，以至于今，中间虽或有所废弛，然未有舍学校而能作人才，正风俗，以求一代之治者也。洪武开基之三年，即诏天下立府州县学，颁示规制，教士必本孔氏六经解经，必用濂洛诸儒之说，逾百年于兹，学制大备，文教日兴，故虽穷荒绝域，前代所不能臣服之地，莫不皆有学校。南海在前代固若遐外，然在今日则内地也，其风俗视华夏不殊，而且日趋于古，人文日新月盛，又非但文学一事能先北方之

① 〔清〕郝玉麟修，鲁曾煜纂：清雍正《广东通志》。

② 丘濬（1421—1495），字仲深，明弘治七年（1494）任户部尚书兼武英殿大学士。

士而已也。士生于斯，固毅然以大道自居，而中州之人亦孰敢藐然以遐外视之哉。所以然者固由圣王教化，积久渐渍所致，亦总督大臣及藩臬诸公作兴造就之功也。后之游学于斯者，睹其规制之备，荷其教育之深，可不知其所，自而益思，所以自励哉。于是乎记。

一条“失踪”的街①

1956年冬季，在广州东山象栏冈出土的明代南京工部尚书解缙夫妇墓葬中，解缙和他妻子周氏的墓碑上，都记载着他们的次女智娘嫁给广州蒲宜巷陈偕为妻的事。在这之前，《新会乡土志》引明代《陈倬墓志铭》，也有关于蒲宜巷的记载。从中可以知道，这蒲宜巷在当时是一条名门望族所居的繁华街道。

但是，现有的广州街道并无蒲宜巷其名；在清代以后修编的地方志中也不见有“蒲宜巷”。所以有人说，这是一条“失踪”的街。

我对这颇感兴趣，很想知道这条蒲宜巷的原址在何处，便翻了一些书，作了一些推测，想把这条“失踪”的街找回来。

根据我国过去惯例，居住的地方和姓氏关系很密切，于是我先从研究广州的“蒲”姓入手。查广东蒲姓族谱，可以知道广东姓蒲的人，其祖先都是阿拉伯人。在唐宋时代，到广州来经商的阿拉伯人很多，宋代岳珂（岳飞的孙子）在《桯史》中就记载说：“番禺有海獠（当时对海外商人的蔑视性称呼）杂居，其最豪者蒲姓，号白蕃人。原是占城贵人，因浮海遇涛，惮于反复，乃请于其主，愿留中国以通往来之货。主许焉，舶事赖给其家。岁益久，定居城中，屋室稍侈靡逾禁。使者方务招徕，以阜国家，且以其非吾国人，不之问，故其富甲一时。”

日子久了，有些蒲姓阿拉伯人便定居广州，入了中国籍。自宋末以后，他们的后人也有当上中国官职的。有名的如宋末的蒲寿庚，官至泉州提举市舶司；又如蒲翰里，他中了元朝的进士，官至溧阳知州。那么，当时广州的阿拉伯人居住在什么地方呢？这一点，地方志书倒是有所记载的，就是现在的解放中路、解放南路、米市路和光塔路一带。再证诸岳珂在《桯史》中的记载，蒲宜巷原来地点就比较清楚了。他描述蒲姓阿拉伯人的居住点风光说：“有楼高百余尺，下瞰通流。楼上雕镂，金碧莫可名状。”“后有堵

---

① 《南方日报》1962年12月23日。

坡，高入云表，式度不比他塔，环以为大址，累而增之，外圆而加灰节，望之如银笔，下有一门，拾级而上，由其中而转圜焉，如旋螺，外不复见其梯磴，每数十级居一宝。岁四五月，舶将来，群獠人于塔，出于宝，啁晰呼号，以祈南风，亦辄有验。”岳珂所记的这个“堵坡”就是现在光塔街的怀圣寺光塔；“下瞰”的“通流”，就是昔日作为避风港的玉带濠。从这些资料来推断，蒲宜巷很可能就是现在的光塔路，只是由于后来名称更易，原名才被湮没无闻罢了。

再者，广州人过去对外国人多称为夷。我想，蒲宜巷最初可能称为“蒲夷巷”。后来由于元朝蒙古人进入广州，不便再使用“夷”字，才谐音为“宜”的。

倘若今日的光塔路就是昔日的蒲宜巷，那么作为中古时代海外商人和使节聚居之地，以及广州人民与海外文化交流的场所，光塔路的历史倒不平凡哩！

四牌楼琐记[①]

刘文澜[②]

四牌楼，是地名也是街名，即今天广州的解放中路。60 多年前，那里称为归德直街，1929 年拆旧城建马路时改称中华中路，1949 年 10 月广州解放，1950 年改名解放中路。

四牌楼是惠爱坊、忠贤坊、孝友坊、贞烈坊四座石牌坊的合称。若加上纪念海瑞的盛世直臣坊，共有五座。但人们叫惯了，只称四牌楼。

四牌楼之所以著名，是因为这些牌坊虽然有封建意味，但都为纪念历史名人而设。惠爱坊是为纪念自中原来粤、有惠民德政的地方长官，如秦时首任南海尉任嚣、汉时南越王赵佗、东晋时广州刺史陶侃、唐时潮州刺史韩愈等 67 人而立；忠贤坊是纪念广东历代地方贤良名流如高固、邓宓、杨孚、陈献章、伦文叙等 49 人而建；孝友坊是为表彰孝亲爱友的人物如董正、罗威等 54 人而设；贞烈坊是为旌表贞节烈女如陈南妻戴氏、符凤妻玉英等 55 人而树。

广州史地志虽无明确记下各牌楼建立的年代，但东莞井简氏族谱中提到：“嘉靖十三年（1534）甲午广东御史戴公璟为坊于广州之通衢，额曰‘孝友’，是则四坊均同时立矣。”可见四座牌楼建于明代。

---

① 陈卓宁主编：《越秀荟萃》，花城出版社，1999 年。

② 刘文澜（1922 生，卒年不详），广东省龙川县贝岭镇人，广州市民间文艺家协会、广州市地名学研究会、广州市古都学会会员。

各牌楼从北到南分竖于闹市中，每座相距二三十米不等，建构大致相同，均以石柱、石梁、石幔、石匾、门前石圆辘座等制凿刻件叠架而成。上有盖，飞檐高翘；下为题刻横石匾；再下是石门，当中大门较宽高，可通过中型汽车，两旁为对称的较矮小侧门，只可过人力车。

广州城市的发展和汽车的出现，亟须拆城扩建马路，而四牌楼横跨通衢大道上，发生过撞坏汽车事故，影响交通，便于 1947 年相继拆迁，分别移竖至现越秀山南麓（2 座）、儿童公园和中山大学内。十年浩劫中，有些已遭毁损。

清代，四牌楼一带热闹繁华。每年正月初一至元宵，家家户户都悬挂起各式各样的彩花灯。当然，牌楼上亦明灯高照。周围的灯市，逗引男女老少合家出动，顾客如云。老百姓多在此买到称心彩灯，回家悬挂以庆贺新春。当时任两广总督的阮元写下《羊城灯市诗》云：“海鳌云凤巧珑玲，归德门明列彩屏。市火蛮宾余物力，丰年羊穗复仙灵。月能彻夜春光满，人似探花马未停。见说瀛洲双客到（时状元林召棠、探花罗文俊皆归穗），书窗更有万灯青。”由此可见灯市盛况。另一首羊城竹枝词写道：“节近元宵乐未休，买灯花到四牌楼。愿郎买得灯花后，照妾青春到白头。”

四牌楼是商业繁荣、熙熙攘攘的闹市。两旁的商店摊档麇集、生意兴旺。仅卖故衣的商号就达六七十家。清末民初中华中路的经纶、福隆、信昌、协成、健昌、泰安、公和等，就是佼佼的故衣店。附近的孖通街专售蚊帐布，桂香街梁成记酱料调味店也远近驰名。

四牌楼侧多宗祠、书院、家塾、学校，学府林立、书声琅琅。学宫街有南海学宫、渭滨书院、肆江书院；师好巷有三槐书院、关氏书室、张家祠、邓家祠；桂香街有文昌祠、中山书院；贤藏街由冼劲祠（范阳书院）；纪纲街有鹿鸣书院（刘家祠）、陈家祠

清代四牌楼买卖故衣的地方　光塔街道办事处　提供

民国时期中华路（四牌楼街）　光塔街道办事处　提供

（忠简读书楼）；大有仓有罗氏义隐书院；云台里有南韶连会馆；臬司前东有台山会馆（后为四邑侨中）；南朝街有南廓家塾。民国建，学校立；起云里有广东女子职业传习所（后改广东女子职业学校）；维新路有千顷书院（后改千顷中学）；中华中路有金陵中学；云台里有新华职业学校。时至今天街辖内有广州教育学院（包括广州师专，前为进修学院）、广东华侨中学、市三十四中、市橡胶中专，以及回民、起义路、陶街小学和幼儿园三间。

五仙观赋①

刘斯翰②

惟乎广州，古称穗城，本五羊仙之所赐，又以五羊闻名。载籍之纪，有周之时，天降五仙，乘五羊，手秉稻穗，一茎六出，馈且祝曰："愿此地永无饥荒。"仙去而羊化为石。邦人异之，即其所在之坡山立庙以祀。此五仙古观之由来也。观尝迁往城中，终竟复还，羊石虽遁，仙迹则存。20 世纪 90 年代初，因其历劫之余，拨款修复，以为广州之祖庭焉。乃为之赋曰：

游五羊之城西兮，访仙人之旧观。闻修葺以复故兮，每揣想其新焕。周阛阓之喧阗兮，繁车马之流转。开广庭之荡荡兮，张栋宇之轩轩。耸彩翠之魁岸兮，惊众目之回眩。时春月也，初阳如洒，莺燕翻飞以嘹呖，老幼咸集而戏耍。红楼颀颀兮，妆成妩媚之姿；晴坡翳翳兮，翻作清凉之色。仰瞻牌坊，重檐上翥，如舞鹤凌霄而舒健翮。顾盼石兽，元气内潜，乃祥麟敛趾以示仁德。历石阶而登山门兮，排东西之两斋。屏中院而肆流连兮，叹寂寥之靡涯。叩铁盘之铮铮兮，聆蕉叶之晨露。摩古碑之光阴兮，考残石之华藻。彼大殿之堂皇兮，历百劫以独存。兼宋明之意匠兮，信吾粤之称尊。揭高柱与修梁兮，仰山顶之雄骜。错栋桷之简繁兮，弘荦落以明造。仙与羊之翩跹兮，灵爽缥缈乎中堂。羊与仙之逍遥兮，形迹图画乎满墙。暂迟疑以徘徊兮，接千载之遐思。闻交角以奋蹄兮，仙衣飒沓而伟奇。却出户望乘云兮，愿把袂与升降。万绿氤氲以沉醉兮，一钟鼓荡于微茫。扪陡壁以攀援兮，倚危梯以怡游。忽穿越于朱明兮，抚岭南第一楼。于是恍见羊城俯伏，屋脊鳞鳞，如波涛相击以出其东；珠水萦回，帆篷喋喋，似鱼龙混杂

① 《越秀文博》2015 年第 2 期。

② 刘斯翰（1947 年生），号童轩，广东中山人，中国古典文学研究专家，曾任《学术研究》主编和《诗词报》总编辑。

以遨其西。市语暄腾，宝货奇物，八方麕集以炫其南；白云缭绕，摘斗摩星，九泉蒲滙以屏其北。斯楼也，洪武之初造，其临也，坡山之古渡。悬巨钟之鼎鼎兮，拂之则山呼而海怒；垂拇迹之混混兮，履之则云嘘而仙步。于是凭栏寄慨，盘桓楼下，览众木之荫翳兮，披百草之馥芬；感嘘吸之虚籁兮，怅光景之无垠。今广州之跃进兮，日千里而不穷。广厦聚以成林兮，高参差而云耸；驰道盘以弯环兮，腾上下而虬纵。车并驾以纷驰兮，反继之以日夜。时百变以新潮兮，滂不息乎天地。复有霓虹影乱，星汉争辉于珠湄；花树阴浓，红紫呈鲜于交衢。铁甲之地遁兮，龙游而电逝；银翼之天行兮，鹏举而风随。犹未称万维物联之网，三寸自媒之机，求货殖于秒杀，集群生于希微。嗟乎！五仙古观，广州之祖庭。屹屹其间兮，俨若神明。其神也，如绿珠之出重渊，吐精彩乎石林；其明也，如青眼之回幽壑，醉烂熳乎芳春。赞曰：

悠悠邃古，荡荡无名。五仙骑羊，降陟此城。爰锡嘉禾，爰祝康宁。爰为立观，享斯德馨。观去复还，城乃愈大。北通中原，南抱南海。货物畅流，民众凝聚。熙熙攘攘，观内观外。气运周旋，方兴未艾。行见大湾，更开新世。

诗书街满族溯源[①]

光塔街满族人主要是清代驻粤满洲八旗兵的后裔，八旗兵是属于清代八旗制度下旗民的一部分。清朝廷把八旗人丁派往各地驻防，广州属于全国 97 个驻防点之一。据《驻粤八旗志》记载：清康熙“二十年（1681）广州派京旗汉军三千，挈眷来粤。后经七十五年，迄至乾隆二十一年（1756）裁汰汉军之半，调京旗满洲兵一千五百名，挈眷来粤合驻，将汉军出旗名额，即以满兵顶补”。头 500 满兵在 1756 年、1759 年和 1858 年分 3 批到广州。1765 年和 1766 年又有两批共 500 名到广州。此时，京旗难再抽调，翌年从天津抽调满兵 500 名陆续到广州。

派驻来粤的满洲八旗兵及其家眷均指定居住地区，不许与汉八旗人丁混杂居住。满洲八旗驻防、居住在城西靠南一带，即今光塔街、纸行街、诗书街及解放南街范围，汉军八旗驻防在城西靠北地段。

满汉八旗驻地合称“旗境”，今诗书街大部分地段在“旗境”西南角，只有大德路以南烟皮巷、咸巷及人民中路以西、白糖北街、白糖西街、永发新街和迎虹里等在城墙

① 广州市越秀区史志丛书编辑委员会编：《诗书街志》，广东人民出版社，1993 年。

外，不属“旗境”。“旗境”内诗书街各马路、街巷分属八旗驻防地段中的八旗。今大德路、尚果里、拐脚楼、铁炉巷等属镶黄旗，麻行街、南濠街南段、海珠中路南段等属正白旗，诗书路南段分属镶黄旗和正白旗，白薇街、毕公巷等属正黄旗，惠福西路南侧、竹篙巷、扁担巷、温良里、南濠街北段、海珠中路中段、七株榕、观绿路等属正红旗，惠福西路北侧分属镶白旗和正蓝旗，大利巷［惠福西路以南、人民中路以东、靠近两马路交界处的一条南北向街巷（今不存）］也属正蓝旗。由于“旗境”当时已居住有汉族人民，这些地方实际上成了汉、满等民族杂居地。

镶黄旗在诗书路设有参领署、满洲马圈。镶黄旗内今铁炉巷一带设有铁局，铸造兵器。铁局西侧今同乐路一带是前锋营箭道。

正白旗佐领署设在海珠中路。正黄旗在白薇巷设有参领署、满洲马圈。

正红旗佐领署设在温良里，满洲马圈设在观绿路。正黄正红旗满洲协领署设在七株榕，正黄正红旗满洲箭道也设于此。

镶白正蓝旗满洲协领署设在惠福西路。

驻粤八旗兵左都统署设在惠福西路北侧，今惠福西路 123 号省人民医院门诊部所在地。该地所设箭道辛亥革命后成为菜地，满族邮政退休人员每于傍晚在此玩鸟雀。

清嘉庆六年（1801）正红旗佐领和顺为了让八旗子弟供奉先人，仿效广东汉族祠堂形式在旗内海珠中路择地创建改族众姓宗祠。至道光年间（1821—1850）各旗纷纷仿效，每旗设一间，共有 8 间，其中 6 间设在今诗书街辖内，除了正红旗设在海珠中路外，还有镶黄旗设在大德路，正白旗设在麻行街，正黄旗设在白薇巷，镶白旗设在惠福西路，正蓝旗设在大利巷。每间宗祠均有三进深，在第三进内设有神龛 3 座，中座放置各姓祖先的牌位，同一姓氏的落广祖设一个牌位，每个牌位以族谱形式，由上而下分别写上各代已故男丁的名字，左右两座则分别安放绝嗣单人牌位。每间宗祠旁还设有和尚寺一间，雇请和尚代为管理宗祠的香火。辛亥革命后，各宗祠虽有不少仍得到保存，但多数为该旗子弟居住。抗日战争后，有些旗已先后将宗祠房产变卖了。

广州满族人信奉观音。清朝八旗官兵到粤驻防时，把现海珠中路与惠福西路交界处一间跨街木阁楼改为观音楼（今海珠中路 123 号），供奉一个木雕鎏金观音像。观音楼始名“万善宫”，到咸丰年间（1851—1861）改名“万善禅院”。因座于正红旗驻防地段，一向由正红旗管理。光绪年间（1875—1908）正式雇请和尚主持香火。辛亥革命后所雇和尚乘机把观音楼产权变为私产，引起一场官司，法庭判处该楼归广州满族集体所有。后观音楼改名“妙吉祥室”。妙吉祥是满洲的别称，以此代替满洲是为了避免歧视。1954 年 4 月成立“广州市满族人民观音楼管理委员会”，接管观音楼全部财产。现在该楼用作“广州市满族联谊会”办公地址。

民间故事

仙人拇迹传说　五羊传说在民间流传已久，广州有“羊城”之称，亦源于五羊传说。有关五羊降临广州的时间，历代有多种说法，清屈大均《广东新语》称为周夷王八年（前 878）时，同书又有三国吴（222—280）时的说法；晋裴渊《广州记》称为战国周显王（前 368—前 321）时；北宋钱易《南部新书》则称在晋朝（265—420）。

五仙观内的“仙人拇迹”，相传为当年仙人在此“叱羊为石”时留下的足迹。明成化二十年（1484）进士张诩曾居今诗书路，尝作《坡山》诗：“坡山高哉凌紫烟，下有穗石一洞天。羊驾何年来五仙，羊化为石其中眠。”清乾隆《南海县志》称：“坡山，在城内大市阛阓中，向在江干，相传晋时渡口，故称‘坡山古渡头’……其顶有丹灶，其阳有穗石。”

民间传说，周赧王（约前 314—前 256 年在位）时，广州称南武城。在城南坡山下有一对父子，相依为命，以耕稼为生。某年南方大旱，五谷失收，无粮交租。田主把父亲送入官府，儿子日夜哭泣，惊动了天上神仙。有五位仙人身穿五彩绸衣，骑着五色仙羊，驾祥云降至坡山，各把手中的六出谷穗和粳稻、麦、黍、稷等作物的种子，交给那位失去父亲的少年，并对他说：“你把谷穗拿去栽种，浇水施肥，自会长出许多粮食，你父子便得救了。”然后合十祈祝：“愿此阛阓永无饥荒。”

那少年按照仙人嘱咐，播下种子，浇水施肥，第二天长出一片黄澄澄的饱满谷穗。少年把谷子挑到官府，请求释放他的父亲。堂上官宪一看竟是上好的丝苗米，便诬称谷子是少年偷来的。严刑拷打之下，少年不得不把仙人降临的事情供出。

五仙观仙人拇迹（2012年）　　越秀区博物馆　提供

父亲获释后，与儿子一起回家，见五位仙人还在坡山上纳凉聊天，便说："官府已经知道谷穗是你们给的了，你们快走吧，免遭官府毒手。"官府派出的衙役已尾随而至，要捉拿仙人。五仙人乘风而去，只留下五只仙羊。衙役捉不到仙人，便追赶仙羊，一直追到珠江边，忽见天空打开一道大门，五只仙羊冉冉升起，进了天门。后来这地方就叫"五仙门"。衙役捉不到仙羊，返回坡山想找那对父子，也不见了踪影。却见五只仙羊还在山上悠然吃草。恼羞成怒的衙役挥刀砍去，羊瞬间化为五块大石。经过千百年后，五块大石只剩下一块，上面还有仙人留下的足迹。这就是仙人拇迹的传说。

2007 年，五羊传说入选广州市第一批非物质文化遗产代表作名录；同年，入选广东省第二批非物质文化遗产名录的民间文学类项目。

"西瓜园"的来历　"老广州"都知道，在今人民中路，有个地方叫"西瓜园"，有一段古老的民间传说。

清代，有一个赌徒，名字叫郭顺，因为他左手的拇指有两个指头，人人叫他"孖指顺"。此人好吃懒做，把父亲剩下的一些家产老早就花光了。肚子饿更兼烟瘾起难挨之时，就学起剃头以混口饭吃，可是他的手艺很差，光顾他的人自然很少。

春节快到了，广东人习惯剃头过年。但郭顺却闲到发慌，忽然来了一个农夫打扮的人，肩上扛着一个布袋，叫了一声："师傅，请剃头。"然后就把肩上的布袋小心翼翼地放在地上。郭顺一边替他剃头，一边向布袋张望，心想莫非里面有银元宝？郭顺遂心生歹意，趁农夫不注意，把剃头刀向农夫的咽喉用力一割，致农夫丧命。郭顺揭开布袋一看，里面并不是银元宝，不过是拜神用的瓦灯盏。此时的郭顺既后悔，又惊慌，匆匆忙忙在瓦砾地上挖了个坑，把农夫的尸首连同那袋瓦灯盏一起推落坑里，并捡起一块瓦片，用手指蘸着地上的血，写了几行歪诗：“你又错时我又错，灯盏何必用肩托？若要报仇时，除非马生角”马又怎么生角呢？剃头佬意思是说死者不要指望报仇了。写完后便把这块瓦片放在尸体上，盖上一层厚土，然后溜之大吉。

过了几个年头，这块荒园长出一颗藤叶茂盛的西瓜来，还结了一个大西瓜。

且说广州来了一个知府，姓骆名秉章，有一次，他为了察访民情，带了一个随从，微服出行，路经这块荒园，那时正值大暑天，骄阳似火，两人走得汗流浃背，口渴非常。只见不远处的瓦砾上长着一个大西瓜。知府认为此西瓜乃无主之物，就让随从把西瓜摘下，切开时只见里面流出的是一汪鲜红的血水，知府见状，心想莫非此处有冤情。便吩咐随从就地搜查。随从在西瓜地上，挖出了一块有血迹的瓦片，瓦片上还有一个孖拇指的血印。知府琢磨着瓦片上的“若要报仇时，除非马生角。”心想，本官姓骆，是马字旁加个各字，角与各同音（广州话“各”“角”同音），莫非报仇的事，就落在本官身上？知府决定查个水落石出。几番周折，果然挖出一具尸首和一堆瓦灯盏，还有生了锈的剃刀，并从瓦片的血印判断凶手必定是个孖拇指的剃头佬。知府回衙后，马上行文附近各县，出赏银一百两，通缉凶手。

且说郭顺杀了人之后，逃回家乡躲避。过了几年，郭顺见没有什么动静，便潜回广州，投靠从前的赌友阿宝，阿宝介绍他在赌场上打杂。有一日，阿宝进城，偶然看到缉捕郭顺的告示，马上到衙门报案，骆知府闻讯大喜，派出巡捕捉拿郭顺。在确凿的证据面前，郭顺只好招供认罪。

郭顺被斩首示众后，当时广州的老百姓觉得农夫沉冤得雪，恰巧应了“马生角”这句话。因为此地有这个传说，后人称之为“西瓜园”。

天庆观铸铜镜 唐朝末年，天下分崩，刘龑袭封南海王，凭借父兄在岭南的基业，于后梁贞明三年（917）在番禺（今广州，号兴王府）称帝，国号“大越”。次年，刘龑以汉朝刘氏后裔的身份改国号为“汉”，史称南汉。

南汉自高祖刘龑建都广州，传至刘𬬮，被宋所灭，凡四朝五十四年。历代史书都说，南汉的几位皇帝，一个比一个残暴不仁，专用炮烙、截舌、灌鼻、刀锯等酷刑，残害无辜。在广州修筑的宫殿，数以千百计。南汉皇帝对珍珠嗜爱如命，宫殿豪华得令人难以置信，不仅雕檐碧瓦，兽马金环，白玉为阶，玛瑙为栏，所有梁栋帘箔，都以珍珠装饰，极尽铺张扬厉，连排水沟都用珍珠铺成。

刘𬮤生前征募能工巧匠，为他和两个儿子塑造铜像，供奉在位于今中六电脑城一带的开元寺，让后世万民瞻仰。开元寺是唐代所建的一所道观，南汉皇帝崇佛，改为佛寺。刘𬮤对铜像工艺亟疾苛责，不知多少工匠因为铸出来的像刘𬮤不满意而被诛杀。

铜像铸成后，一直摆放在开元寺，前后五百余年，开元寺又回归道教，变成天庆观，其间经历宋皇祐四年（1052）侬智高围攻广州城、南宋末元兵攻打广州城诸役，兵火交迫，寺观屡毁，铜像竟安然无恙。明嘉靖元年（1522），广东提学副使魏校在广州大毁淫祠，把刘𬮤父子铜像推倒砸烂，铸成几十面大铜镜，分送朝中的达官贵人，暗寓“以史为鉴”，让官员们每天都照照镜子，看自己有没有贪黩的模样。

三佛齐王国重修天庆观　广州与印尼群岛的通商历史甚长，根据《宋史》中的记载统计，从宋朝开国的建隆元年（960）到淳熙五年（1178），新兴的三佛齐王国曾先后20余次遣使到中国，联络双方感情。他们不仅带来了象牙、乳香、蔷薇水、万岁枣等海外的奇珍异宝，还把“火油”（石油）引进到中国。

除了商贸交往，广州与印尼还有密切的宗教文化交往。北宋治平年间（1064—1067），三佛齐国王地华伽啰派遣使者至啰啰到中国入贡。途中遭遇飓风，狂涛骇浪，海如山立，所乘海舶几乎倾覆，同船人都放弃求生。至啰啰向天祷告，求神庇佑，天空忽然出现一位老翁，海面瞬间风平浪静，至啰啰终于安全抵达广州，暂居蕃坊。

当时距离南汉灭亡未及百年，开元寺已改为天庆观，但因年久失修，门颓瓦败，满目荆榛。至啰啰到观中参观，不胜怆然。巡行之间，忽见有一神像倒在荆杞丛中，形象竟与他在海上祈祷时所见天空老翁十分相似，不禁为之骇异。回国后，至啰啰向国王禀告此事，地华伽啰慨然提出要出资重修天庆观。

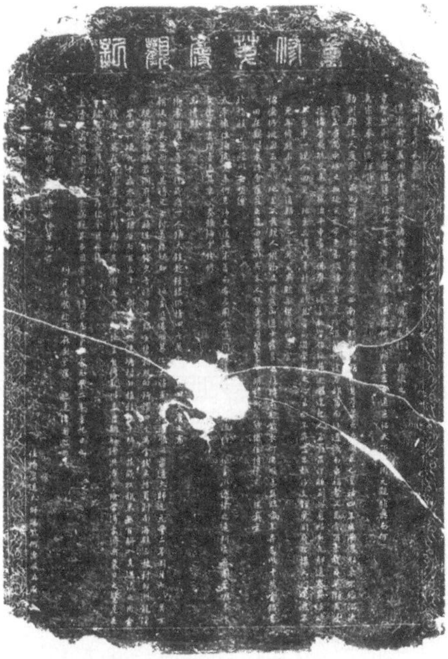

《重修天庆观记》碑（2004年）
越秀区博物馆　提供

在得到广州地方官府批准之后，地华迦啰派恩离沙文来广州主持天庆观修复工程，耗时十二年，至宋元丰二年（1079）才全部完工。道士何德顺立《重修天庆观记》碑，以纪其事。重修后的天庆观，新建山门、大殿、宣诏堂、保真堂、北极殿、斋厅、三清殿、御书阁等，并塑绘天帝像，铸大钟一口，建钟楼以覆之。规模宏大，焕若洞府，“清风时过，铃铎交音，晴日下临，金碧相照”。

地华迦罗亲自派人邀请庐山道士罗盈之住持天庆观，紫衣何德顺为监临。又捐钱十万，置山田于甽塘，以充天庆观日常费用，后来再追加四十万金钱，置田充广之需。作为回报，北宋朝廷赐封地华迦啰为保顺慕化大将军。地华伽啰死后，剪下自己的头发、指甲，派人送到广州，葬于甽塘，以供祭祀。这一故事，作为中国和印度尼西亚两国人民传统友谊的历史物证，受到人们的传诵。

龙起井中腾祥龙　海珠中路旧称仙羊街，在南段接近惠福西路处，有一条东西向的小巷，叫祥龙里。在祥龙里曾有一口宋代古井叫龙起井。相传南宋理宗宝庆二年（1226）进士、侍读钟显孙曾经居住仙羊街，龙起井在他的屋后。南宋宝祐元年（1253）五月二十五日夜，有一团白光自井中冲出，直射天际。刚好钟显孙的儿子降生，有人说井中白光是有神龙升天，是为祥瑞，因此起名为“起龙”。钟起龙长大后非常聪明，有“神童”之誉。

钟氏三代都是当官的，钟显孙的祖父钟永元曾任主簿，堂兄钟卫孙为理宗朝（1225—1264）进士，当过吏部尚书、礼部尚书，钟起龙在元世祖二十三年（1286）中进士，官拜给事中；其子钟士宏为元仁宗朝（1312—1320）进士，官拜翰林和国史院编修。因此左邻右里都说这是应了“龙起”吉兆，纷纷来汲井水。祥龙里亦由此而得大名。

入清以后，仙羊街成为旗界，原来的钟家大宅变成满洲镶蓝旗人白佳氏的住宅。清乾隆三十八年（1773）五月，连场暴雨之后，白佳氏听见龙起井中，半夜突然涛声震沸，其响如雷，至天明不息。未几，白云山洪水骤然暴发，沿着文溪古道倾泻而下，咆哮奔腾，东濠不及排泄，大水冲崩小北门，小南门、大东门的城门被水冲倒关闭，以至全城被淹，水深达两三米。民众扶老携幼，仓皇登上城墙避灾，大水四天才退，官廨民房，倒塌大半。事后人们惊魂未定地回忆起井沸之事，都说泉脉下通江潮，“龙起”这名字不是乱起的。

如今祥龙里犹在，但钟家大宅早就没了，龙起井也无迹可寻，只剩下坊间传说。

大事纪略

唐宋时期设立蕃坊

唐朝，常年侨居广州的蕃客，以大食人和波斯人居多，也有印度人、南洋诸岛国人，多达数万人乃至十几万人。按大唐律法，“化外人法不当城居”，即外国人不能居于州城内，但由于海路遥远，风波险恶，不少人宁愿长住中国，中国人把这些人称为“住唐”，意为长住唐山，他们在广州城外逐渐形成一个聚居区。唐贞观年间（627—649）至唐开元年间（713—741），由于侨居广州的蕃客人数众多，频频发生事端，朝廷出于方便管理蕃客的考虑，在广州西城外划出一块地方，作为蕃商居住地，称为蕃坊（又作番坊）。

蕃坊范围，大致以今光塔路为中心，东至朝天路、米市路，西至人民中路，南至惠福西路以南，北至中山六路。蕃坊设立蕃长（亦常写作蕃客大首领、蕃酋等），管理蕃坊事务。对内负责裁决蕃客之间的纠纷，对外负责招邀蕃商前来贸易。蕃长由蕃坊内的穆斯林共同推荐德高望重的人担任，上报地方官府，获朝廷或官府批准，授权蕃长解决该地区各穆斯林之间的纠纷。每逢节日，蕃长带领全体穆斯林做祷告，宣讲教义。

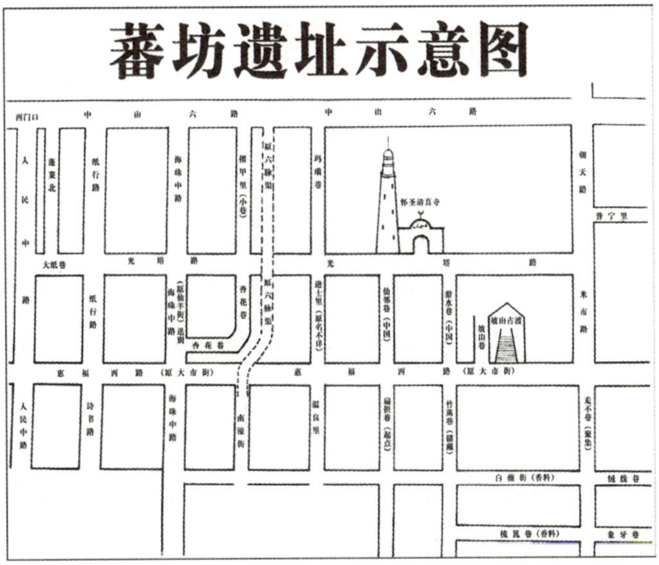

蕃坊遗址示意图

宋代蕃学设立

蕃学是宋代设在蕃坊内（今光塔路一带）的外国侨民子弟读书的学校。

北宋时期，随着外国侨民在蕃坊聚居日众，他们的子弟也随之增多。北宋熙宁年间（1068—1077），广州州学［创于北宋庆历四年（1044）］呈请另设校舍，招收蕃人子弟读书。北宋徽宗大观二年（1108），第一所外侨子弟学校在广州蕃坊正式创办，是中国历史上最早的专门培养外国学生的“蕃学”，聘请有学问并且深谙蕃人习俗的人为训导，以培养侨民子弟。诸蕃子弟在此学习中国文化。

宋代程师孟修筑西城

广州城墙迭经战乱，至北宋年间，多处摧塌缺损。

北宋熙宁三年（1070），程师孟调任广州知州，翌年再任经略使。上任后，程师孟命人绘制城墙图纸，奏报朝廷，请求修筑西城，以防盗贼。宋神宗准奏，并令左藏库副使张节爱携带筑城技术和建筑材料到广州，指挥修筑西城。

工程从熙宁四年（1071）秋开始，历时 1 年，改蚝壳土墙为砖墙。西城筑成后，光孝寺、天庆观、六榕寺、崇报寺、怀圣寺都纳入城内，整个蕃坊也纳入城内，打破了唐代以来“化外人法不当城居”的规矩。这对蕃商大有好处，大食国曾表示乐捐巨款，助筑西城，但朝廷不允。

清代的广州西城门　　叶曙明　提供

新筑西城的城墙周长4000多米，北至今百灵路，西至今人民路，南至今大德路，东至今教育路，有阜财、善利、朝宗、航海、素波、金肃、和丰、就日（朝天）、威远共9个城门。自此，广州中城、东城、西城并列，称为“宋三城”。

宋代在南濠街置市舶司

北宋开宝四年（971），广州设置市舶司。市舶司是管理海外贸易的机构，又名广州提举市舶司，简称市舶司或舶司。其前身是唐代在广州设立的市舶使（院）。

宋代，市舶司设在今南濠街南段、海珠中路一带，即今广东省中医院附近。其职责是掌握对外贸易，为蕃舶发放入港许可证，设立保甲制，给本国出洋船舶发放许可证，对出入港的商舶进行编栏（防止逃税）、阅实（上船验货）、抽解（征收关税）、博买（收购进贡朝廷的货物）、防止违禁物品买卖等管理工作。

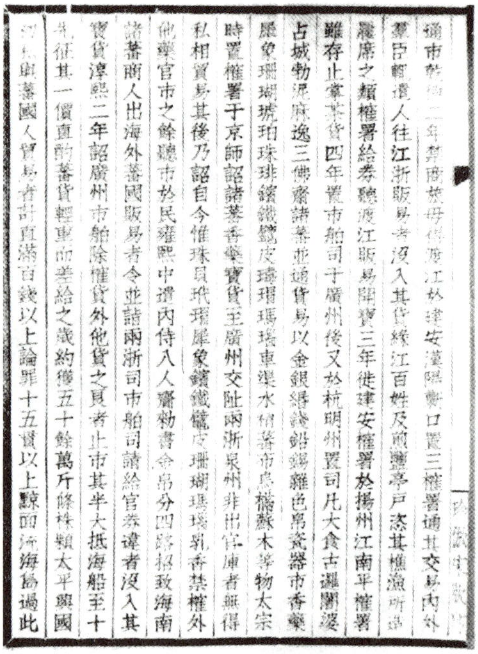
通市乾德二年禁商旅毋得渡江於建安漢陽蘄口置三榷署通其交易內外
羣臣輒遣人往江浙販易者沒入其貨緣江百姓及煎鹽亭戶恣其樵漁所造
蘆席之類榷署給券聽渡江販易開寶三年徙建安榷署於揚州江南平榷署
雖存止掌茶貨四年置市舶司于廣州後又於杭明州置司凡大食古邏闍婆
占城勃泥麻逸三佛齊諸蕃並通貨易以金銀緡錢鉛錫雜色帛瓷器市香藥
犀象珊瑚琥珀珠琲鑌鐵鼊皮瑇瑁瑪瑙車渠水精蕃布烏樠蘇木等物太宗
時置榷署于京師詔諸蕃香藥寶貨至廣州交阯兩浙泉州非出官庫者無得
私相貿易其後乃詔自今惟珠貝玳瑁犀象鑌鐵鼊皮珊瑚瑪瑙乳香禁榷外
他藥官市之餘聽市於民雍熙中遣內侍八人齎勅書金帛分四路招致海南
諸蕃商人出海外蕃國販易者令並詣兩浙司市舶司請給官券違者沒入其
寶貨淳熙二年詔廣州市舶除榷貨外他貨之良者止市其半大抵海船至十
先征其一價直酌蕃貨輕重而差給之歲約獲五十餘萬斤條株顆太平興國
初私與蕃國人貿易者計直滿百錢以上論罪十五貫以上黥面流海島過此

《宋史·卷一百六十七》记载广州市舶司

光塔街道办事处 提供

北宋元丰三年（1080），朝廷修订外贸法规，规定广州为中国商船前往“南蕃诸国”的唯一出发港和回泊港。中外商船云集在今光塔街西澳一带的内港，外商用犀角、象牙、翠羽、玳瑁、龙脑、沉香、丁香、乳香、白豆蔻，交换各种精美瓷器、丝织品、漆器、糖、酒、茶和米，销往菲律宾、马来亚、印尼、新加坡、伊拉克、埃及等地。北宋崇宁元年（1102），专置市舶司提举，其下设判官或监管、专库、手分、贴司、保管、解送、发放凭证、迎送蕃舶和管理外商等。

明代“三城合一”

“三城合一”，就是把“宋三城”之间的城墙间隔打通，把西城与中城、东城连成一片。

该工程发轫于明洪武十年（1377）冬，都指挥使许良奏称，广州三城适宜合三为一。获朝廷批准后，翌年开始动工。洪武十二年（1379），永嘉侯朱亮祖出镇广东，继续推动工程。洪武十三年（1380），“三城合一”工程竣工。

明代归德门石额　　叶曙明　提供

该工程除拆掉三城之间的城墙外，还拓展北城，把北城墙推进至越秀山。南城墙在大德路，原宋城的多个城门均被封闭，仅余归德门（今解放中路与大德路交会处）；西城墙在今人民路，宋代的中和（和丰）、金肃两门均封闭，新辟正西门（今中山六路与人民路交会处），与城东的正东门相对。开通西门大街，与布政司前街、正东门大街相连接，东西走向，贯通全城，大大方便了城内交通。

“三城合一”以后，城墙又经过多次修葺，扩建南海县学，疏浚六脉渠，西城环境得到改善。同时由于珠江北岸前移，原西澳、蕃坊一带的商业区，逐渐向濠畔街和西关转移，而众多的官署衙门则纷纷进驻，包括提督府行台、广东提刑按察使司署、分守岭南道、布政司清军道、军器局、驿传道、总兵府和南海县衙等官署，都设在今光塔街范围内。文人墨客、达官贵人也选择在西城修建园林，卜筑宅邸，作为休息游宴之所，他们当中有三广公陶鲁、岭南孤凤张诩、大学士方献夫、鬼才状元伦文叙等。

清代八旗军队进驻光塔街

清康熙十二年（1673），“三藩之乱”爆发。广州作为岭南第一大都会，战略地位十分重要。康熙二十年（1681），朝廷选派精锐的汉军禁旅镶黄旗、正黄旗、正白旗等官兵1210人进驻广州。康熙二十二年（1683），再派正红旗、镶红旗、镶白旗、正蓝旗、镶蓝旗等官兵1875人进驻广州。乾隆二十一年（1756），朝廷把驻粤汉军八旗人数裁减一半，另派满洲八旗官兵1500人替补。自此，满汉八旗和绿营合驻广州城。原定驻粤八旗三年换防一次，返回北方，但未能施行，世代长期驻扎在这里。

满旗八旗官兵与眷属居住在广州城西，以今光塔路为中心，东至解放中路，西至人民中路（西城墙），南至大德路（南城墙），北至盘福路（北城墙）为“旗界”。光塔路以北属汉军八旗居地，以南属满洲八旗居地，不得混居。

清代八旗子弟学堂设立

清光绪三十一年（1905），朝廷颁布《立停科举以广学校》上谕后，全国各地陆续开办学堂（校），广州满族也开办两所初等小学堂，分设在大市街（今惠福西路）五仙观及麻行街关帝庙，专门招收满洲八旗子弟。不久，麻行街关帝庙的初等小学堂并入大市街五仙观的小学堂。光绪三十三年（1907）一月，又开办一所高等小学性质的广州八旗子弟学堂，修业时间为四年，校址设在朝天街广州同文馆旧址，第一任校长聘请汉军八旗人士褚泽生担任，招收满汉八旗子弟，后还增设八旗中学一所，校址位于光孝路书同巷。后改为公立学校。

1927年广州公社在光塔街成立

1927年12月11日，共产党人张太雷、苏兆征、叶挺、叶剑英等在广州率领工人和革命士兵举行武装起义。按照统一部署，教导团、警卫团一部和工人赤卫队，分别对驻扎在市内各处的敌人发起猛烈攻击，经过两个多小时的激烈战斗，歼敌一个步兵团、一个炮兵团、警卫团一部和武装警察1000多人。工人赤卫队配合教导团，攻占维新路（今广州起义路）的广州市公安局，释放政治犯。

广州公社旧址（2019年）　　光塔街道办事处　提供

12月12日下午，“广州工农兵拥护苏维埃政府大会”在西瓜园广场召开，广州苏维埃政府——广州公社正式宣布成立。张太雷在西瓜园开完大会后，乘车经过解放北路与中山六路交会处，遭到敌人伏击，中弹身亡。国民党迅速调集兵力，全面反扑。当晚，起义总指挥部举行紧急会议，决定撤出广州，保存革命实力。12月13日清晨，国民党军从德宣路、吉祥路、惠爱路、

广州公社旧址（2019年）　　光塔街道办事处　提供

四牌楼进入市中心，夺回公安局，广州起义失败。

为纪念广州起义，维新路改名为广州起义路，曾为广州苏维埃政府所在地的省公安局，现如今成为广州起义纪念馆。

民国时期重修怀圣寺、塔

怀圣寺从元至正三年（1343）至清末，经过6次大规模重修，至民国年间，寺塔已荒芜颓废，尤其是光塔周围土地，被邻近居民侵占，寺与塔被隔离，塔门亦被埋没。1934年，中国回教俱进会粤支部出面，向海内外伊斯兰教广泛募捐，募得广东小洋近两万元，重修怀圣寺、塔。维修工程主要包括两部分，一是将大殿拆除，改用钢筋混凝土照原样重建；二是把光塔加固。同时，将塔脚周围被占土地收回，使光塔重新归于怀圣寺范围之内。维修工程历时半年，于1935年完成，并刻石立碑记载该次维修情况。《重建怀圣寺光塔碑》为阿拉伯文，由穆罕默德·欧斯曼·哈乃菲撰文，穆罕默德雅各布书。因经费有限，寺内其余残破部分未能维修。

民国时期的怀圣寺光塔　　叶曙明　提供

1956年成立广州市伊斯兰教协会

中华人民共和国成立前，广州穆斯林曾成立过中国回教俱进会粤支部、中国回教协会广州支会等组织，但到广州解放前夕，这些组织都已自行解散。中华人民共和国成立后，在人民政府的支持下，广州穆斯林开始筹备自己的宗教组织。

1956 年 10 月 15 日，由沙梦弼等人发起成立广州市伊斯兰教协会筹备委员会。同年 11 月 8 日，广州市召开伊斯兰教徒第一次代表大会，会上宣布正式成立广州市伊斯兰教协会，选出阿訇、乡老和穆斯林各界代表 17 人，组成协会委员会，选举沙梦弼为主任。协会会址设在怀圣寺，下设机构有清真寺民主管理委员会、文史资料研究组和学习组。清真寺民主管理委员会负责管理广州伊斯兰教集体财产及清真寺、先贤古墓和坟场等事务；文史资料研究组负责广州伊斯兰教文史资料的搜集和整理；学习组负责组织政治学习。广州市伊斯兰教协会是全国最早成立的地方伊斯兰教协会之一，早期归中共广州市委统战部领导，1959 年后归广州市民族宗教事务委员会行政管理。“文化大革命”期间，伊斯兰教协会停止活动，直到 1981 年后恢复正常活动。

1979年全国第一个灯光夜市在观绿路开设

1979 年，越秀区开始发放个体营业执照，允许个体经营者在居民密集的街巷和传统的商业街营业。光塔街观绿路一带的待业青年，响应号召，自谋出路。每天晚上，就在自家门前，接驳临时电线，安上电灯，开着小收音机，一边播放流行曲招徕路人，一边摆开小摊档，售卖时装、鞋帽、小百货等商品。这些个体商贩，被称为“街边仔”，他们是广州第一代个体户。除了本土的个体商贩外，还有大批从全国各地到该地经营时装的个体户，他们在观绿路进货再运回家乡出售，被称为“倒爷”。自从开了灯光夜市之后，短短 300 米的观绿路吸引了无数人逛街购物，渐渐人气旺盛，生意兴隆。全国第一个灯光夜市——观绿路服装批发市场自此形成，俗称“第一灯”。

1980 年 8 月 18 日，广州市革命委员会召开劳动就业工作会议，提出在政府统筹规划指导下，实行劳动部门介绍就业、自愿组织起来就业和自谋职业就业相结合的方针。观绿路灯光夜市的模式，得到肯定和推广。

1981年在光孝路成立广州市基督教协会

1981 年 2 月，广州市基督教协会成立（以下简称市基协），首届委员会由 72 人组成，会长为叶肇卿。市基协是不分教派、统一领导和协调所辖地区基督教会及各教堂的教务机构，与基督教三自爱国运动委员会联合办公，组成“两会”（市基协和市三自会），领导成员由全市基督教代表会议选举产生，全市基督教代表会议是“两会”的权力机构。“两会”下属机构有妇女青年工作组、学习宣传组、教务组、史料组、外事联络委员会、公墓管理委员会、房管处。办公地点初设在光孝路基督教光孝堂，后迁至寺贝通津东山堂内。

2014年光塔街道获评“全国民族团结进步模范集体”

2014 年 9 月，光塔街道被国务院授予“全国民族团结进步模范集体”称号。

基于辖内民族宗教交融的特色，光塔街道探索城市多民族管理和服务工作的新思路、新途径和新模式，开拓地区民族工作的新路子。搭建各类文化平台，以民族民俗文化为主线，依托街道民族民俗文化中心、民族民俗文化长廊和伦文叙纪念广场平台，重点打造街道民族民俗文化节、“话说光塔微相馆”特色文化工程等，提供辖区各族居民特色社团服务，如民族艺术团、民族歌舞队、民族合唱团、回民武术队等，构建多民族团结、文明、融洽的和谐社区。创新性构建“3+N”网格化管理模式，既有社区居委会人员，也配备少数民族律师顾问及热心社区公益的少数民族志愿服务队，同时还整合社区工作人员、出租屋管理员、助老员等社区人才资源，形成“3+N”的网格服务模式，开

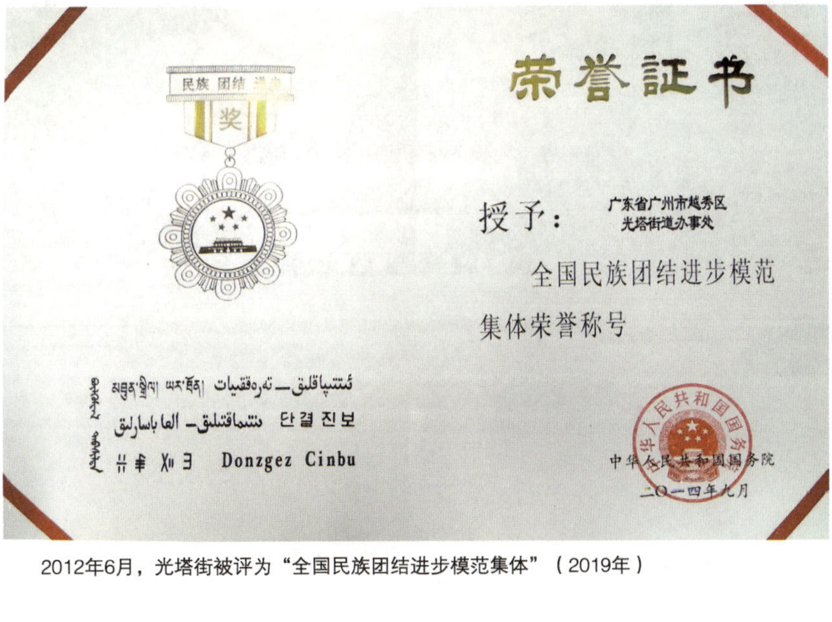

2012年6月，光塔街被评为“全国民族团结进步模范集体”（2019年）

展少数民族法律援助工作。以服务中心、联络站、民族博物馆和法律援助工作站为平台，探索少数民族多元服务和管理模式，发挥少数民族联络员作用，让“最后一百米服务”真正有效率、有作用。

2018年南粤先贤馆正式对外开放

南粤先贤馆位于广州市惠福西路五仙观广场西侧，馆内展现56位先贤在政治、文学、艺术、医学、宗教等领域取得的成就，做出的贡献。2017年5月17日，南粤先贤馆开馆仪式在五仙观广场举行。2018年2月9日，南粤先贤馆正式对外开放。

南粤先贤馆馆舍占地面积6243平方米，主体场馆建筑面积6430平方米。其中主展

2017年5月17日，南粤先贤馆开馆仪式（2017年）

厅首层面积 634 平方米，负一层面积 1584 平方米，两层合共面积为 2218 平方。以岭南传统建筑元素为主调，兼具现代建筑简约风格，与全国重点文物保护单位——“五仙观及岭南第一楼”古建筑群交相辉映。陈列以人物和场景为主要展览模式，分为古代先贤、近代先贤两大部分 11 个单元，以 239 件文物、326 幅图片、66 件资料、59 项艺术创作、40 项多媒体互动装置，展示从秦汉到辛亥革命期间 56 位南粤先贤事迹。馆内文物包括《广东丛书·张曲江集附考证》、清代黑漆描金嵌螺钿棋盘配象牙雕国际象棋、19 世纪中后期外国制船舵铜火铳、丘逢甲行书六言对联和孙中山先生泛银遗照等文物，长期向观众展示。

2018年广东省首个英文文献特色街道公共图书馆开馆

2018 年 9 月 18 日，越秀区图书馆光塔分馆正式对公众开放。该馆位于中山五路 186 号，是广东省首个以收藏英文文献为特色的街道公共图书馆。该馆面积 560 平方米，馆藏图书约 2 万册（件），其中英文图书约 3000 册，涵盖政治、经济、语言、文学、教育、艺术、历史等类别，为读者提供英文学习和交流的平台，成为读者学习英文的第二课堂、“没有围墙的学校”。馆内的民族文化特色藏品专区，根植于光塔街文化特色，收藏图书典籍，挖掘和传承本土文化基因。馆内设有学习习近平新时代中国特色社会主义思想专题书架、借阅区、英文文献借阅区、报刊阅览区、绘本区、自助服务区、公共电子阅览室、创作区、交流室等服务功能区，基本实现借阅免押金注册，并加入全市通借通还服务网络，为读者提供远程自助办证、图书借阅、数字资源阅读、阅读行为分析、个性化信息资源推荐、分级阅读、直播互动、公益讲座和展览等多元服务。形成了由越秀区图书馆与光塔街道办事处、卓越教育集团“图书馆 + 街道 + 企业”合作共建，优势互补、资源共享，创新了图书馆建设模式。

越秀区图书馆光塔分馆内景（2018年）　　光塔街道办事处　提供

主要参考文献

长善等:《驻粤八旗志》，广州龙藏街邵元阁刊印，清光绪五年。

民国《番禺县续志》,（台湾）成文出版社，1967 年。

黄雨选注:《历代名人入粤诗选》，广东人民出版社，1980 年。

〔宋〕岳珂著:《桯史》，中华书局，1981 年。

朱杰勤译:《中外关系史译丛》，海洋出版社，1984 年。

〔清〕屈大均著:《广东新语》，中华书局，1985 年。

孔凡礼点校:《苏轼文集》，中华书局，1986 年。

甄人、谭绍鹏主编:《广州著名老字号》，广州文化出版社，1989 年。

〔明〕邝露，黄灼耀校点，杨明新注释:《峤雅》，广东高等教育出版社，1990 年。

曾昭璇著:《广州历史地理》，广东人民出版社，1991 年。

〔清〕仇巨川撰:《羊城古钞》，广东人民出版社，1993 年。

广州市越秀区史志丛书编辑委员会编:《诗书街志》，广东人民出版社，1993 年。

黄佛颐编纂:《广州城坊志》，广东人民出版社，1994 年。

汪宗猷:《广东满族志》，广东人民出版社，1994 年。

杨资元、黎元江主编:《英雄花照越王台　历代咏广州作品选》，广州出版社，1996 年。

雷梦水等编:《中华竹枝词》，北京古籍出版社，1997 年。

〔宋〕苏轼著，邓立勋编校:《苏东坡全集》，黄山书社，1997 年。

孔令仁、李德征主编:《中国老字号》，高等教育出版社，1998。

清同治《番禺县志》，广东人民出版社，1998 年版。

张还吾主编:《锦绣中华历代诗词选》，西苑出版社，1999 年。

陈卓宁主编:《越秀荟萃》，花城出版社，1999 年。

周振甫主编:《唐诗宋词元曲全集·全唐诗》合肥：黄山书社，1999 年。

广州市越秀区地方志编纂委员会主编:《广州市越秀区志》，：广东人民出版社，2000 年。

周绍良主编:《全唐文新编·第 3 部》，吉林文史出版社，2000 年。

广州市越秀区地方志编纂委员会编:《广州市越秀区志》，广东人民出版社，2000 年。

黄启臣等主编:《广东海上丝绸之路史》，广东经济出版社，2003 年。

广州市地方志办公室编:《广州近现代大事典（1840—2000 年）》，广州出版社，2003 年。

广州市文史研究馆编:《羊城风华录》，花城出版社，2006 年。

朱光诗文墨迹选集编委会编:《朱光诗文墨迹选集（下）》，中央文献出版社，2006 年。

孙卫明编:《五仙古观》，羊城晚报出版社，2008 年。

陈建华主编:《广州市文物普查汇编·越秀区卷》，广州出版社，2008 年。

越秀区地方志编纂委员会编:《广州市越秀区志（1991—2005）》，广东人民出版社，2009 年。

〔清〕樊封、〔宋〕方信孺等撰，刘瑞点校:《南海百咏·南海杂咏·南海百咏续编》，广东人民出版社，2010 年。

杨万翔著:《广州轶闻》，广东人民出版社，2010 年。

广州市文史馆与诗书街道办事处合编:《诗书福地》，广东出版社，2011 年。

李仲伟、林子雄编:《广州古井名泉》，广东人民出版社，2013 年。

林兆祥编著:《唐宋咏粤诗选注》，南方日报出版社，2013 年。

越秀区人民政府办公室与越秀区地方志办公室合编:《广府菁华彰越秀》，广东经济出版社，2014 年。

贡儿珍主编:《广州非物质文化遗产志》，方志出版社，2015 年。

温斌、郭艳玲主编:《越秀史稿》，广东经济出版社，2016 年。

高旭红编:《五仙观金石》，广东人民出版社，2016 年。

广州市人民政府文史研究馆编:《广州的故事》，广东人民出版社，2017 年。

编后记

2018年5月，根据《全国地方志事业发展规划纲要（2015—2020年）》《广东省地方志事业发展规划（2016—2020年）》《中国名镇志文化工程实施方案》等精神，结合越秀区丰富的历史文化资源，中共越秀区委宣传部、越秀区人民政府地方志办公室（以下简称越秀区地方志办公室）和光塔街道党工委、光塔街道办事处，联合开展《中国名镇志丛书·光塔街道志》（以下简称《光塔街道志》）编纂工作。

2018年5月2日，越秀区地方志办公室草拟《关于编写出版〈光塔街道志〉工作方案（稿）》，经中共越秀区委宣传部和光塔街道审核后，成立《光塔街道志》编委会，启动《光塔街道志》编纂工作。

2018年6月，越秀区地方志办公室整理相关文献史料，制订《光塔街道志》篇目，向中国地方志指导小组办公室（以下简称中指办）申报“中国名镇志文化工程”。2018年8月，中指办对《光塔街道志》的篇目框架提出修改意见和建议。越秀区地方志办公室立即牵头落实修改和完善篇目的工作，进一步明确了光塔街道见证唐宋时期中国人民与外国侨商交往海上贸易繁荣发展的历史。街道市井氛围浓郁，广府商业特色明显。怀圣寺光塔是唐宋时期为进出坡山码头的船舶指示风信，被古人誉为“一城之标”，是研究中国海外交通史的重要史迹，故以“光塔辉耀，丝路古地”来体现《光塔街道志》的鲜明特色。在这个基础上，2018年9月，《光塔街道志》编纂工作全面启动。

越秀区地方志办公室组建编纂团队，广泛收集资料，开展深入细致的论证研究，使《光塔街道志》在结构上遵循中国名镇志文化工程框架要求的前提下，着力体现《光塔街道志》在内容上的“名”和“特”。初稿撰写耗时4个多月，至2019年1月底大体完成。2月开始，志稿进入总纂，越秀区地方志办公室牵头，全面审查书稿的编写质量，并对志稿继续打磨，努力把《光塔街道志》的“名”和“特”写深写透。2月26日，越秀区地方志办公室会同光塔街道，就需要补充完善的资料进行研究，斟酌图片，随文编排。3月8日，越秀区地方志办公室完成总纂工作，将《光塔街道志》呈交中共广州市委党史文献研究室（广州市地方志办公室）审查验收，全志总字数30多万字。4月9日，中共广州市委党史文献研究室（广州市地方志办公室）召开《光塔街道志》审查验收会，《光塔街道志》通过复审。会后，越秀区地方志办公室根据审稿意见再次进行全稿的完善和补充，从严把关志稿质量。4月19日，越秀区地方志办将《光塔街道志》呈交广东省人民政府地方志办公室，由省地方志办公室组织对《光塔街道志》进行终审。5月15日，广东省地方志办公室反馈终审意见，区地志办公室立即进行完善文稿工作。5月24日，区地志办公室将终审稿呈广东省地方志办公室。6月18日，中指办反馈专家审稿意见，越秀区地方志办公室认真研读，细致修改，于7月2日将修改文稿呈广东省地方志办公室审核。

《光塔街道志》的编纂，得到中国地方志指导小组办公室、广东省人民政府地方志办公室、中共广州市委党史文献研究室（广州市地方志办公室）的各位领导和专家的关心、支持和指导。在编纂《光塔街道志》期间，中共广州市越秀区委宣传部、越秀区人民政府地方志办公室、光塔街各位领导给予高度重视，广东教育出版社副编审叶曙明收集大量翔实资料，编辑初稿，提供了大部分历史照片；越秀区博物馆提供馆藏文物图片。在此，谨代表《光塔街道志》编纂委员会向参与该项工作的各位领导和专家同人深致谢意！

由于时间仓促，篇幅所限，经验不足，编纂人员虽倾心尽力，但仍有诸多未能尽如人意之处，敬请专家和读者批评指正。

编　者

2019年8月

中国名镇志丛书

《周庄镇志》
《第一关镇志》
《钱清镇志》
《冶源镇志》
《甪直镇志》
《同里镇志》
《三阳镇志》
《枫泾镇志》
《李庄镇志》
《天穆镇志》
《虎门镇志》
《小榄镇志》
《北庭镇志》
《青木川镇志》
《永宁镇志》
《沙家浜镇志》
《虞山镇志》
《泽国镇志》
《南翔镇志》
《千灯镇志》
《东山镇志》
《巴城镇志》
《阳澄湖镇志》
《松口镇志》
《震泽镇志》
《黎里镇志》
《浏河镇志》
《锦丰镇志》
《寨市苗族侗族乡志》
《汤池镇志》（安徽）
《湾头镇志》
《中心店镇志》
《乌镇志》
《保安镇志》
《德凤镇志》
《瑷珲镇志》
《王家坪镇志》
《穆云畲族乡志》
《北京街道志》
《王村镇志》
《八一镇志》
《双林镇志》
《棘洪滩街道志》
《凤凰镇志》
《烟店镇志》
《光福镇志》
《梅李镇志》
《高家堡镇志》
《杨岭镇志》
《金港镇志》

《云梯畲族乡志》
《马口镇志》
《杨舍镇志》
《杨店镇志》
《河图镇志》
《浔中镇志》
《孤山镇志》
《汤池镇志》（湖北）
《伍洛镇志》
《汤家汇镇志》
《陇城镇志》
《塘桥镇志》
《兴隆华侨旅游经济区志》
《胜坨镇志》
《来凤街道志》
《木渎镇志》
《锦溪镇志》
《黄龙溪镇志》
《店塔镇志》
《镇湖街道志》
《北七家镇志》
《瓜洲镇志》
《安仁镇志》
《浦口镇志》
《唐崖镇志》
《和顺镇志》
《老城镇志》
《里耶镇志》
《芙蓉镇志》
《博鳌镇志》
《唯亭街道志》
《重安镇志》
《炯炀镇志》
《张谷英镇志》
《鸦滩镇志》
《玉皇庙镇志》
《木洞镇志》
《采育镇志》
《下司镇志》
《德平镇志》
《龙池镇志》
《浦市镇志》
《黄楼街道志》
《冉庄镇志》
《金庭镇志》
《石牌镇志》
《元和街道志》
《古现街道志》
《光塔街道志》
《邵伯镇志》
《石杨镇志》
《杨柳青镇志》
《天桥街道志》
《柘皋镇志》
《西沱镇志》
《咸水沽镇志》
《茶阳镇志》
《崖城镇志》